莱蒙托夫书信集

[俄] 莱蒙托夫 著　　高莽 译

海豚出版社
DOLPHIN BOOKS

中国国际出版集团

图书在版编目（CIP）数据

莱蒙托夫书信集 / (俄罗斯) 莱蒙托夫著；高莽译
. —— 北京 : 海豚出版社, 2019.8
ISBN 978-7-5110-4340-5

Ⅰ. ①莱… Ⅱ. ①莱… ②高… Ⅲ. ①莱蒙托夫(
M.Y. 1814–1841) – 书信集 Ⅳ. ①K835.125.6

中国版本图书馆CIP数据核字(2019)第003781号

莱蒙托夫书信集

[俄]莱蒙托夫　著　　　高莽　译

出 版 人	王　磊	
责任编辑	张　镛　郭雨欣	
特约编辑	诸　菁	
装帧设计	韦存义	
图片翻译	王亚维	
责任印制	于浩杰　蔡　丽	
出　　版	海豚出版社	
地　　址	北京市西城区百万庄大街24号	
邮　　编	100037	
电　　话	010-68325006（销售）　010-68996147（总编室）	
印　　刷	北京彩虹伟业印刷有限公司	
经　　销	新华书店及网络书店	
开　　本	787mm×1092mm　1/32	
印　　张	5.5	
字　　数	91千字	
版　　次	2019年8月第1版　2019年8月第1次印刷	
标准书号	ISBN 978-7-5110-4340-5	
定　　价	56.00元	

译者序

作家的作品是向社会敞开大门而毫无隐私可言的，但他们的书信却呈现了一个另类的私语世界。虽说书信的私人性与作品的社会性是相辅相成、相得益彰的，但是书信对印证、补充、阐述作品乃至作家的生平与创作道路的文献价值，至今并未得到社会的广泛认同。

在俄罗斯，学者们历来十分重视普希金这位文学之父的多达431封书信的学术价值，因为他曾在一封给爱妻的家信中大声疾呼："没有政治自由还能生存；而没有家庭隐私的凛不可犯是断乎无从生存的，这毋宁说是被判处流放。"（借用李政文的译文）莱蒙托夫仅只51封的书信集，同样可以揭开他与法国公使巴朗特的决斗是受沙皇尼古拉一世的公主玛丽亚·尼古拉耶夫娜的身边人唆使的惊天内幕（详见莱蒙托夫1840年3月初《致尼·费·普劳京的信》）。

在莱蒙托夫留下的这51封书信中，最多的是写给两个人的，一个是玛·亚·洛普欣娜（1802－1877），多达9封，另一个是他的外祖母伊·阿·阿尔谢尼耶娃，多达7封。这两个人在莱蒙托夫短短27岁（书信集起讫时间为1827年至 1841 年，仅 15 年）的生命历程中起着举足轻重的作用。玛·亚·洛普欣娜是莱蒙托夫毕生刻骨铭心地相恋，但有缘无分的有情人未成眷属的才女瓦·亚·洛普欣娜的亲姐姐，同时，玛·亚·洛普欣娜也是莱蒙托夫可与之无话不谈的好朋友。莱蒙托夫所遭遇的这一恋爱悲剧给自己的生活与创作蒙上了难以抹去的阴影，在他的十余首抒情诗（如《我俩分离了，但你的姿容……》等），长诗《恶魔》《伊斯梅尔·贝》《萨什卡》，剧本《两兄弟》和长篇小说《当代英雄》等多部力作中的人物性格上留下了明显的印痕。

我们不妨像解剖一只麻雀那样来解读两封莱蒙托夫写给玛·亚·洛普欣娜等人的信。一封是 1832 年 9 月 2 日写于圣彼得堡的。他写于 18 岁那年的天才名诗《帆》就是在这封信里面世的。他对玛·亚·洛普欣娜写道，"……再寄上一首诗，这是我在海滨写的：

蔚蓝的海面雾霭茫茫，
孤独的帆儿闪着白光！……
它到遥远的异地找什么？
它把什么抛弃在异乡？……
……"

在这封信里我们可以搜寻到莱蒙托夫生命中的一件大

事——信末几句附笔虽委婉却又不难让人猜出是对他所念念不忘的瓦·亚·洛普欣娜的钻心思念：

"又及：我很想向您提出一个小小的问题，但又不敢下笔。如果您能猜到，那就好了，我也就心满意足了。如果您猜不到，我即使写出来，您也不会回答我，这个问题也许您根本没有想过！"

第二件可以从这封信中捕捉到的大事，是有关莱蒙托夫生命主旋律，即人生观、世界观和价值观的信息。他写道："有人把生活说成是梦，我完全不同意这种观点，我实实在在也感受到生活的存在和它那诱人的空虚。我永远不能摆脱它，用整个身心去蔑视它；因为我的生活就是我本人，就是现在跟您讲话的人，而且也可以在一瞬间变成空无，变成一个人名，其实也就是空无。天晓得，这个我在我死后是否还会存在！一想到终有一天我不能再说'我'时，就感到恐怖！这么一想，整个世界已不是什么别的东西，仅仅是一抔尘土而已。"这与莱蒙托夫在抒情诗《1831 年 6 月 11 日》中初次吐露的早夭感、厄运感、紧迫感、不朽感是异曲而同工的，真的是"早夭与奋争"铸就了他的不朽。

另一封信是莱蒙托夫 1839 年 2 月末或 3 月前半月从圣彼得堡寄给身处莫斯科的友人阿·亚·洛普欣（1813—1872，即玛·亚·洛普欣娜和瓦·亚·洛普欣娜的弟弟）的，这封信的内容，名义上是为少年时代的挚友得子之喜而写诗道贺，实际上，据不少学者推断，诗人在信中将洛普欣当作瓦·亚·洛普欣娜（即莱至死不渝地恋着的那位才女），他在信中用《我要用这篇迟献的诗章……》了却自己无处宣泄的思念之情。所谓"迟献"，对于洛普欣得子之喜的道贺来说，并没有"迟"；而对于已然另嫁他人的瓦·亚·洛普欣娜而言，"迟献"正好表达了莱蒙托夫因内疚而生的歉意。

高　莽

目录

画自己想画的东西

致玛·阿·山吉列伊 [①]

莫斯科，1827 年秋

亲爱的姨妈，

您盼望已久的日子终于来到了，我之所以很少给您写信，是因为没有时间，并非由于懒惰。我告诉您吧，我正在学习俄文语法中的句法，还让我造句，您知道这事一定高兴！我写这些，不是为了表扬自己，而是为了让您喜悦。地理——我学的是数学地理，根据天文地球仪学习仪度、天体，它们的运动，等等；过去学的历史对我颇有帮助。请您让叶基

[①] 这一封和以下三封是现存莱蒙托夫最早的信。那时小莱蒙托夫只有十三四岁。他已随外祖母从塔尔罕内庄园迁居莫斯科，在家教指导下学习，准备考入莫斯科大学附设寄宿学校。玛丽亚·阿基莫夫娜·山吉列伊（1799—1845）是莱蒙托夫的姨妈，即他外祖母妹妹的女儿。

姆①勾画些轮廓线，我老师说，我还得画上半年，不过我画得比以前好多了，但他们不允许画我自己想画的东西。为感谢卡秋莎②赠给我的吊带，我给她捎去我亲手制作的一个精巧盒子。我还没有逛过任何一个公园；不过我已去过剧院，在那儿看了歌剧《隐形人》，也就是八年前我在莫斯科看过的那个歌剧；我们自己也演戏，相当不错，用蜡人演出。（麻烦您，请把我的蜡料寄来。）我有意不让您过于操心，我想这种认真态度是应该的；我本来可以在这封信上再给表弟们③写上几句，不过，我还是另给他们写吧，吻卡秋莎，感谢她给我的吊带。

再见，亲爱的姨妈，吻您的纤手。

听您话的外甥

米·莱蒙托夫

——————

① 叶基姆，又名阿基姆（1818—1883），是玛丽亚·山吉列伊的长子，莱蒙托夫的表弟。

② 卡秋莎，又名叶卡捷琳娜（1823—？），是玛丽亚·山吉列伊的女儿，莱蒙托夫的表妹。

③ 指玛丽亚·山吉列伊的其他两个儿子——亚历山大（1821—？）与尼古拉（1829—？）。

3—4 岁时的莱蒙托夫

身病是由心病引起的

致玛·阿·山吉列伊[①]

莫斯科，约 1828 年 12 月 21 日

亲爱的姨妈！

我知道您爱我，所以我不能拖延，以便让您高兴高兴。考试结束了，开始放假，放到 1 月 8 日，也就是说假期一共三周。我们的考试从 13 日进行到 20 日。我把成绩表给您寄去，您从中可以看到杜边斯基[②]先生给我的俄语判了四分，拉丁文三分，可是直到考试前，他一直给我判三分和二分。他突然大发恻隐之心，考试前夕把分数改判了，把我变成第

[①] 莱蒙托夫 1828 年 9 月 1 日考入莫斯科大学附设寄宿学校，这封信写于年底，即他从四年级升入五年级时。他附给姨妈的成绩表除品行之外，还有八门功课：圣经课三分、数学四分、俄文四分、拉丁文三分、历史三分、地理四分、德文四分、法文四分，共计总数超过二十四分即可升入五年级。当时四分是最高分，零分是最低分。
[②] 杜边斯基，学校老师。

二名的学生。

亲爱的爸爸①到这儿来过，他用多么使我喜爱的手从我的画夹子里选走了两幅作品啊……谢天谢地！再过不久我将开始画胸像了……多么惬意！与此同时亚历山大·斯捷潘诺维奇②还教我如何画风景。

我继续把作文交给杜边斯基，学监③把我的作文《赫拉克勒斯和普罗米修斯》④拿走了，他想编印一本杂志，名叫《卡利俄珀》⑤（模仿我！［？］）⑥，那上边将刊载学员们的作品。帕夫洛夫模仿我，借鉴我的东西……您觉得如何？看来……看来……您做结论吧，什么样的结论都可以。

前一阵，外祖母的牙有些痛，现在已经好多了，而我啊，

---

① 莱蒙托夫的父亲（1787—1831）大概是从他的克罗波托沃庄园来到莫斯科，并在那儿过的夏天。

② 亚历山大·斯捷潘诺维奇，姓索洛尼茨基，不是该校的教员，而是莱蒙托夫的家教，他教莱蒙托夫美术。

③ 学监，米哈伊尔·帕夫洛夫。

④ 《赫拉克勒斯和普罗米修斯》是莱蒙托夫学生时期的作文，没有保留下来。

⑤ 《卡利俄珀》是校办刊物，曾于1815年、1816年、1817年和1820年出版。1828年没有出版，也许出版过，但没有保留下来。

⑥ 原文如此，后文出现相似情况不另做说明

我和平时一样，感觉……良好！[1]

再见，亲爱的姨妈，祝您顺心如意，也就是说祝您健康，因为：身病是由心病引起的[2]！

听您话的外甥

米·莱蒙托夫

注意：亲爱的姨妈，附上我的诗一首，请收进您的纪念册，画还没有完成，我估计假期能够完成自己的承诺。

诗如下：

诗　人

拉斐尔在灵感冲动之下，

把出神入化的彩笔挥洒，

正要把圣母的面容绘完，

却倒在画幅前愕然惊讶；

暗暗赞赏起自己的技法，

---

[1] 原文是法文。

[2] 原文是法文。

但这股昙花一现的激情，

很快在年轻的心中消减，

他精疲力竭，默不作声，

忘却了天赐的感情烈焰。

诗人的创作啊也是那样：

当这灵感刚在心中闪现，

他便奋笔倾吐他的情怀，

激越的竖琴声扣人心弦，

他飘飘欲仙，忘怀一切，

歌唱你们——他心中的偶像！

突然间炽热的双颊变凉，

心灵的波澜渐渐地消散，

幻象也随着逃出了心房！

但他心里久久地保存着

那初试锋芒留下的印象。①

米·莱

① 引诗系顾蕴璞译文。诗中的"心中的偶像"，译者注明是指恋人。

又及：我不知道姨父在阿帕利赫，没有给他写信，我请求他原谅，并向他表示敬意。

莱蒙托夫童年作品

我在家里会比在学校更努力学习

致玛·阿·山吉列伊

莫斯科，1829 年春

亲爱的姨妈！

好久没有写信问安了，请您原谅……今后我尽力要经常向您报告我的情况。我知道，这么做您会感到欣慰。假期快到了，到那时……再见了，至尊的寄宿学校。您可别以为我愿意离开它，从此就结束学业了；不！我在家里会比在学校更努力学习。

亲爱的姨妈，您问我的分数，可惜哟！我们五年级从新年开始，不是所有老师都对我们卓越的智慧挂出招牌①来！您还记得吗，亲爱的姨妈，您说过，我们的演员（莫斯科的）不如圣彼得堡的。真可惜，您没能在此地观看《赌徒》、悲剧《强盗》，否则您会另有看法。圣彼得堡很多先生们都认

---

① 这是一个同学的说法。——莱蒙托夫原注。

为这两出戏比那里演得好，还认为莫尔恰诺夫在很多地方演得超过卡拉特金。外祖母、我和叶基姆，谢天谢地，都健康，但是格·根德罗夫先生害过一场病，不过现在几乎痊愈了。

我努力按照您的建议办事，因为我相信这对我有好处。吻您的纤手。

听您话的外甥

米·莱蒙托夫

又及：请您向姨父转致我的敬意，我也吻安娜·阿基莫娃的纤手。还请您代我吻阿廖沙、卡秋莎和玛莎。

米·莱

替莎士比亚打抱不平

致玛·阿·山吉列伊 [1]

莫斯科，1831 年或 1832 年 2 月

亲爱的姨妈 [2]，

我为莎士比亚的荣誉鸣不平。如果他伟大，那么这伟大就表现在哈姆莱特身上，如果他真是莎士比亚，那么这位包罗万象的、打动人心的、渗入命运法则的天才，这位独树一

---

[1] 山吉列伊写给她外甥的信中指摘了莎士比亚，于是莱蒙托夫便写了这一封替莎士比亚打抱不平的信。莱蒙托夫凭记忆引证《哈姆莱特》剧中的台词，他把波洛涅斯的话和罗森格兰茨及吉尔登斯吞的话混淆了。俄国演出莎士比亚的《哈姆莱特》，要比他的其他戏晚些。它曾被禁止演出。首次演出是 1810 年在圣彼得堡，翌年在莫斯科也上演了。演出是根据维斯科托夫改编的剧本，而他又是根据法兰西学院杜西斯（1733—1816）院士的编译本进行改编的。圣彼得堡的剧院根据那个改编本演到 1835 年。到了 1837 年莫斯科才真正根据莎士比亚原作的译本演出了《哈姆莱特》。当时圣彼得堡误把改编本认作是莎士比亚的原作，而年龄只有十七岁的莱蒙托夫在当时就对法国的改编本提出了批评。

[2] 这句话原信中是法文。

帜的、也就是无法效仿的莎士比亚——就表现在哈姆莱特身上。首先您接触的不是根据莎士比亚的原作翻译的剧本，而是根据杜西斯改得不伦不类的剧本译的。他为了满足不能领悟崇高思想的法国人的甜腻口味，为了满足他们的愚蠢习惯，便改变了悲剧的轨迹并丢弃了许多有特点的场面。遗憾的是，我国剧场上演的正是这个译本。你们的《哈姆莱特》中肯定没有掘墓人的场面，也不会有其他我已记不得的场面了。

《哈姆莱特》是用英文写的，一半散文，一半诗。大概不会有哈姆莱特和他的母亲谈话的一场，母亲指向他已故的父亲的画像：在这一瞬间，从另一个方面显出了国王的影子，他的衣着与画像上的衣着一模一样，只有哈姆莱特一个人能看得见他；王子这时望着影子回答母亲的话——这是多么有声有色的对比，多么深刻啊！作者知道，哈姆莱特见到画像时，如同见到幻影出现时一样，一定不会那么惊讶与激动。

奥菲利娅当然不会疯疯癫癫！虽然那最后一场是最感人的场面之一！你们那儿上演时，有没有国王派遣两名朝臣去了解装疯的王子是否真的精神失常，是否用这种办法在欺骗他们？我记得这一场的几个场面，他们（朝臣）弄得哈姆莱特厌倦了，于是他打断了他们的话——

哈姆莱特：这朵云彩是不是像一把锯？

朝臣甲：是的，我的王子。

哈姆莱特：可是我觉得它的形状像一匹骆驼，像一只动物！

朝臣乙：王子，我正好想这么说。

哈姆莱特：你们两个像什么东西呢？——等等。

这一幕是这么结束的：哈姆莱特拿起了长笛，说：请用这个乐器演奏一支曲子吧！

朝臣甲：我从来没有学过，王子，我不会。

哈姆莱特：我求求你。

朝臣甲：我宣誓，王子，我不会（等道歉的话）。

哈姆莱特：这么说来，你们俩岂不是一对怪物？用这么一个小东西都吹不出和谐的声音来，你们还想从我这么一个意志坚强的人的头脑里挤出隐秘的思想？……

这样不好！……

下边我要向您表示道歉了，我对天发誓，亲爱的姨妈，我没有给您写信，是因为没有时间；可是您的来信刺激了我：怎能得罪莎士比亚呢？

我在此地过得相当愉快：几乎天天参加舞会。但是大斋

13

一到，我就要全力以赴地坐下来学习了。我在大学里一切进展良好。

再见了，亲爱的姨妈，祝您健康，祝您万事如意。如果说：一个脑袋好，两个脑袋更好，为什么不说：一颗心好，两颗心更好。

吻您的纤手，忠实于您的外甥

米·莱蒙托夫

又及：请代我向姨父请安，也代我亲吻孩子们。

莱蒙托夫幼年

命运把我们抛向不同的方向

致尼·伊·波利瓦诺夫 [①]

莫斯科，1831年6月7日

可爱的朋友，你好！

伸出你的手来，心里想着：你的手会遇到我的手。现在我完全成了一个疯子。命运把我们抛向不同的方向，如同寒风吹走的秋叶。明天你的堂姐鲁仁娜 [②] 举行婚礼，我不能到场（？！）；再说，我现在也没有心思去管那些琐事。妈的，尽是婚礼喜筵。不，我的朋友！我和你都不是为上流社

---

① 这封信附在申欣写给波利瓦诺夫的信上。弗拉基米尔·亚历山德罗维奇·申欣（1814—1873）是莱蒙托夫的莫斯科朋友。莱蒙托夫有一首诗《致友人弗·申》就是献给他的。尼古拉·伊万诺维奇·波利瓦诺夫（1814—1874），早年是莱蒙托夫的邻居，后来在圣彼得堡禁卫军骑兵士官学校同学，他们是好友。莱蒙托夫的《您听我说！当我这个……》（1831年）一诗就是献给他的。

② 鲁仁娜家与波利瓦诺夫家及申欣家有亲戚关系。

会诞生的。我无法给你写长信，我在患病，心情不佳①，双眼时时刻刻都是湿润的——永流不息的泉②——我经历的事甚多。再见，给我写点令人开心的事。你在干什么？——再见了，我的朋友。

米·莱蒙托夫

---

① 据俄罗斯学者研究，莱蒙托夫当时正在追求剧作家伊万诺夫的女儿——纳塔利亚·费奥多罗夫娜·伊万诺娃（1813—1875），他的心情不佳可能与此有关。1830—1831年，莱蒙托夫为她写了不少诗，话剧《奇怪的人》中也描写了他们二人的关系。

② 此句原文是法文。

目前我正处于极端忧愁的境遇

致索·亚·巴赫梅捷娃 [①]

特维尔，1832 年 7 月或 8 月初

尊敬的空灵阁下！

最可爱的小姐，

亚历山德之千金索菲娅！……

您的奴仆，万事遵从您吩咐的米哈伊尔，尤利之子，向您叩头。

情况如下：目前我正处于极端忧愁的境遇，马车走得慢慢悠悠，道路笔直如同一根棍棒，住处臭气熏天，羽毛笔也极不好用！……

[①] 索菲娅·亚历山德罗夫娜·巴赫梅捷娃比莱蒙托夫年长些，她是在莱蒙托夫的外祖母家受的教育。她很招人喜爱，莱蒙托夫对她也一度表示深情。莱蒙托夫说她"轻盈得如同绒毛"。有一次，他拿着一根绒毛，吹向巴赫梅捷娃，说："这就是您——尊敬的空灵阁下。"这封信写于从特维尔至圣彼得堡的旅途上。

看来，不能再像我这样折磨天使的耐心了，够了。

您在做什么？

小亚历山德拉·米哈伊洛夫娜[①]来了吗？——她都讲了些什么？把一切都写给我吧——可是我写的信，不要拿给任何人看。

我已经快被马车给颠散了，所以就不再给表姐夫写信了——给您写的信又太短了，我已精疲力竭，请您原谅！……

抵达圣彼得堡之前，暂与二位告别。

您的奴仆米·莱尔玛[②]

请代我向姨妈和家中各位老少转致我的最深的敬意。

---

① 亚历山德拉·米哈伊洛夫娜·韦列夏金娜（1810—1873）是莱蒙托夫的姨妈。

② 莱蒙托夫给某些朋友写信时署名用法文"莱尔玛"。

莱蒙托夫自画像

我想要生活，我想要悲哀

致索·亚·巴赫梅捷娃 [1]

圣彼得堡，1832 年 8 月

可爱的索菲娅·亚历山德罗夫娜，

直到今天为止，我一直忙忙乱乱，东跑西奔，到别墅去看望薇拉·尼古拉耶夫娜，等等；分段游览城市，乘船出海——简而言之，我在寻找感受，哪怕是一点点的感受！……一个人愚蠢透顶的状态莫过于强迫自己等闲，如同当年朝臣们使老国王们不要等闲；给自己当小丑！……在这之后，怎能不蔑视自己呢？不要丧失对自己心中本来有过的信任……我告诉您一个好消息吧：我现在终于比任何时候都看透自己是不适合于这个社会的人。昨天我到过某某人家，

---

① 这封信以及下三封信是莱蒙托夫随外祖母迁居圣彼得堡后不久写的。从这几封信中可以了解莱蒙托夫进入禁卫军骑兵士官学校前，他思想转变时期的内心世界，早年的感情波折、苦闷和对人生的观察与期望。

在那里待了四个小时，没能讲出一句中听的话来，我不掌握打开他们头脑的钥匙——谢天谢地，这样也许更好！

您委托我办的事还没有去办，因为我们昨天才搬进一栋住宅：房子蛮漂亮，即使如此我的心对它也没有好感。我觉得从今以后，我本人就像这栋房子在我们住进去之前那样空空荡荡。您给我来信吧，讲讲您的王国里都发生了些什么事？婚姻情况如何①？你们都住在斯列德尼科沃或者在莫斯科，说不定亚历山德拉·米哈伊洛夫娜还有伊丽莎白·亚历山德罗夫娜②都不能休息，忙得不亦乐乎！

一首奇怪的诗！我写后才过了一个月：

我想要生活！我想要悲哀，

抛弃恋爱和幸福的情怀；

热恋和幸福使我玩物丧志，

把我额上的皱纹都舒展开。

如今该让上流社会的嘲笑，

---

① 莱蒙托夫打听玛丽亚·亚历山德罗夫娜·洛普欣娜的婚姻。这个婚姻没有完成就解除了。

② 伊丽莎白·亚历山德罗夫娜（1809—？），姓洛普欣娜，莱蒙托夫的表姐。

驱散我心中的宁静的雾霭，

没有痛苦岂是诗人的生涯？

缺了风暴怎算澎湃的大海？ ①

风暴来了，风暴过去了；大海变得冰凉，但海上波涛汹涌——我表面上保持着舞台人物的神态和激动，实际上比任何时候都更像个死人。

我这篇滔滔论文式的书信让您厌烦了！我现在跟帕维尔·叶夫列伊诺夫 ② 很亲近：他心中有心……

——有一件事让我坐卧不安：我几乎完全无法安眠——天晓得这会持续多久——我不认为这是由于痛苦所致；我经受过更大的痛苦，那时睡得安安稳稳甜甜蜜蜜。不，我无从知道：我隐隐约约意识到自己会像个渺小的人物结束一生，这事弄得我心烦意乱。

来的路上我马马虎虎还过得去；可是到了此地以后，觉得什么事也干不成；看来我必须不断地游山玩水——我是个茨冈人。

---

① 引诗为顾蕴璞所译。

② 帕维尔·亚历山德罗维奇·叶夫列伊诺夫（？—1857），莱蒙托夫的表舅（姨姥姥的儿子）。

——再见了，常常给我来信吧，您还能记得我吗？我向您保证，我的信不会每一封都是这个样子；我现在胡说八道，因为空着肚子，——再见了。

您的愉快团伙①的一员

米·莱尔玛

又及：吻我各位姨妈的纤手，并请您代我向我的各位朋友问候……第二类人中有阿奇列②，阿拉伯人，如果您不在莫斯科，那么我就在心中向您问好。

再见。

———————

① "愉快团伙"原文系法文。
② 阿奇列，洛普欣家的仆人。

我被逐出了情爱的王国

致索·亚·巴赫梅捷娃 [1]

圣彼得堡，1832 年 8 月初

接受这封奇异的书信吧，

它寄自这遥远的滨海边地；

这不是保罗所写的圣书 [2]，

却是保罗亲手给您投寄 [3]。

唉！这个城市有多乏味，

到处是水，雾气弥漫！[4]……

满目都是红色的衣领 [5]，

---

① 这封信是莱蒙托夫请他的表舅帕维尔·亚历山德罗维奇·叶夫列伊诺夫从圣彼得堡带到莫斯科去的。

② 保罗，指基督教使徒保罗。

③ 指莱蒙托夫的表舅帕维尔，亦可译作"保罗"。

④ 波罗的海与涅瓦河。

⑤ 带有红领的警察制服。

像尖顶矗立在你眼前；

没有可爱的流言，一切严峻，

法律坐在人们的脑门；

一切都那么惊人，新奇

却没有一则脱俗的新闻！

人人都那么自我得意，

不关心他人的安危逆顺，

我们称之为心灵的一切

竟没有一个有自己的名称。

我终于亲眼见到了大海，

但又是谁把诗人欺骗？……

我从它那命定的海域

并没有汲取伟大的灵感；

不，我并不像它那样自由：

患着烦忧这人生顽疾

（故意跟往昔和今日作对），

我如同从前并不妒忌

它那泛着银光的衣衫，

它那汹涌不息的波澜。①

---

① 引诗为顾蕴璞所译。

可爱的索菲娅·亚历山德罗夫娜,我为您即兴写了这首诗,没有精神这样继续下去。——的确,不知为什么,我心灵的诗熄灭了。

　　　　受了奇异的威权的捉弄,

　　　　我被逐出了情爱的王国,

　　　　像一只毁于风浪的小舟,

　　　　暴风雨抛它上沙岸停泊;

　　　　纵然潮水百般抚慰着它,

　　　　残舟对诱惑已无心问津;

　　　　它自知对航海已无能为力,

　　　　假装出它正在瞌睡沉沉;

　　　　任谁也不会再托付给它

　　　　装运自己或珍宝的重任;

　　　　它不中用了,却很自在!

　　　　它死了——却得到安宁! ①

　　我觉得这一首诗写得不算坏,请不要把这封信撕了干别的用。其实,如果我提前一个小时给您写信,写出来的也

---

① 引诗为顾蕴璞所译。

许完全是另外的东西；每时每刻我脑海里都喷涌出新的幻想……

——再见了，最最亲爱的；

——我从特维尔给您写过信，从此地也写过——可是至今还没有收到过回信。

多羞啊——不过我宽恕你。

同时向您道一声再见——

米·莱尔玛

向姨妈也向家中各位深深致敬——请您来信把您那儿做的事情、听到的消息和谈论的话题都告诉我。

我去过杰米多娃家，但没有见到她；她去看望一位女校长去了——天晓得——我没有把信交出去，准备过两天再去一趟。我对社交界没有多大兴趣：腻味了！——除了人还是人，好寂寞啊，为了开开玩笑哪怕能遇上几个小鬼呢！

莱蒙托夫的画——《海中的帆船》

人们得意炫耀的一切，
都会被我的袭击毁掉

致玛·亚·洛普欣娜 [1]

圣彼得堡，1832 年 8 月 28 日

我给您写这封信的时候，心中忐忑不安，因为我的外祖母病重，卧床已两天了。现在回您的第二封信，借以排遣烦闷的心绪。是否把我经常拜访的人一一写出来呢？我是一个特殊的人物，我最愿意探望的就是我本人。不假，来到此地之后，我经常去探望一些亲属，应当认识他们；最后我发现我最好的亲人——就是我自己。我在本地社交界见过形形色色的代表：非常殷勤的太太们，非常有教养的青年们。他们在一起时给我的印象如同法国公园，既拥挤又一般，但是初

---

① 这封信是用法文写的。玛丽亚·亚历山德罗夫娜·洛普欣娜（1802—1877）是莱蒙托夫最知心的朋友。她终身未嫁。莱蒙托夫在莫斯科贵族寄宿学校读书时就和这一家结成好友。莱蒙托夫对玛丽亚没有隐瞒他对其妹瓦尔瓦拉（1815—1851）的深情。

次走进时会迷失方向，因为管理人员的剪刀已经把树木之间所有的区别都剪掉了。

很少写作，阅读也不见得更多：我的长篇小说①——满纸绝望声；我把自己的整个心灵都翻遍了，想从其中找到种种能转化为仇恨的东西，于是在混乱之中我便把一切都发泄在信纸上了。但愿您读信的时候能够可怜我！

至于您的婚姻，亲爱的朋友，当我得知它已解除的消息时，您可以猜到我的惊喜；我给表姐写过信，说那位先生只配用鼻子闻风向——我自己很欣赏这句话。谢天谢地，这件事是如此而不是以另外形式结束的。算了，我们不再谈论这件事了——已经谈得够多了。

我有一种您所不具备的本能：当别人对我说大家都喜欢我时，我就不再怀疑，或者（更坏）不露出怀疑的迹象。可是您有这种缺点，请您改正这种缺点吧，起码您在写得动听的信中应当把它改掉。

昨晚十点钟发生了小小的水灾，根据水涨水落的情况，甚至鸣放了三次大炮，每次两响。这是个月夜，我在家中伫

---

① 究竟是指哪一部，俄罗斯学者研究意见分歧，有人认为是《瓦吉姆》，有人不同意此说。

立在面向运河的窗前。我写了：

为什么我出生到世上，

没有成这碧蓝的波浪？

否则我在银色的月光下

会奔涌不息、哗哗喧响。

啊，我将炽烈地亲吻

我的金光灿灿的沙岸，

我将目空一切地鄙视

对我疑神疑鬼的小船；

人们得意炫耀的一切，

都会被我的袭击毁掉；

我会把受苦受难的人们

搂进我这冰冷的怀抱；

我就不再怕地狱之苦，

并且不再受惑于天堂；

焦急不安和淡漠无情，

会成为我永恒的规章；

在这路远迢迢的北国，

我就无需再设法解愁；

那我生来可自由地生活，

从出世到生命的尽头！ ①

　　又是一首诗。这两首诗能比我用小说更好地向您表白我心灵的状态：

死！这个字眼听起来多响亮！

它的含义多么丰富又多么欠缺；

最后一声呻吟——万事大吉，

无需进一步查问。以后如何？

以后把您好好放进棺材里，

蛆虫将会啃噬您的骷髅，

而后继承人将会在某个良辰

树块墓碑压在您的坟头。

他会在教堂追荐您的亡魂，

宽恕您过去的每一桩旧怨，

关于此事（我可不敢这样说）

您已注定会无法听见；

假如您是带着信仰辞世的，

---

① 引诗为顾蕴璞所译。

在入墓前曾是个基督教徒，

那么坟头那块花岗岩至少说

会把您的芳名保存四十个春秋，

十分幸运的是您本人

并不会永远把它诵读，

而如果一个有官衔的人

想在墓地上找一个位置，

那么一把埋葬的铁锹

定会挖掘这拥挤的墓地，

粗暴地把您扔出坟墓，

也许，用您那堆骨头，

浇上一点水，撒一些米粒，

厨师会做出一碗汤来——

（这一切很友好，并无恶意）。

而后那如饥似渴的胃口

将赞不绝口地夸奖您，

而后胃将会把您煮烧，

而后——但如蒙您应允

我到这里就算讲完了，

对您来说这也就够了。①

再见了，我无法再给您写下去。胡思乱想弄得我头脑发晕。我觉得，地球也是由于这个缘故已经旋转了七千年。摩西没有撒谎。

向各位问安。

您的真诚朋友米·莱尔玛

---

① 引诗为顾蕴璞所译。

玛·亚·洛普欣娜

孤独的帆儿闪着白光

致玛·亚·洛普欣娜 [①]

圣彼得堡，1832 年 9 月 2 日

我现在正为您作画，也许能够随此信同时给您捎去。亲爱的朋友，您可知道我是怎样给您写信吗？一点一点地写。有时，一封信要连续写上几天：脑子里想到了什么，我就把什么写进信里；如果我的脑子在考虑某种值得注意的事，我马上就把它告诉您。我这么做，您满意吗？

自从我们离别以来，已经过去几个星期了，也许还得分离很长一段时间，因为眼前我看不到任何可喜的迹象。我依然如故，并不像某些人居心叵测地所希望的那样，我不会指出那些人姓甚名谁。我见到纳塔利娅·阿列克谢耶夫娜 [②] 时，

---

① 这封信是用法文写的。

② 纳塔利娅·阿列克谢耶夫娜·斯托雷平娜（1786—1851），据俄罗斯学者考证，她可能是格里戈里·达尼洛维奇·斯托雷平的夫人，也可能是莱蒙托夫外祖母的妹妹。

您可以想象得出我欣喜若狂的样子,她是从我的家乡来的呀,而莫斯科是我的故乡,永远是我的故乡:我生在那里,在那里经受了很多痛苦,在那里也享受到很多幸福!最好是没有发生第一桩、第二桩和第三桩事,但有什么办法呢?

安涅蒂太太[1]对我说,还没有把那幅著名的头像[2]从墙上擦掉……可怜的自尊心呀!这事让我高兴,而且高兴到何种程度啊!到处留下自己访问的痕迹,这是何等愚蠢的爱好。一个人的念头,即使是最崇高的念头,只因为要把它变成少数人可以心领神会的东西,就值得把它物质化吗?应当设想到,人们的出现不是为了思维,因为遒劲的和自由的思维——对人们来说寥若晨星。我有意要用书信和诗作把您折磨死。当然,这么做不够朋友,也不人道,但每个人必须遵循自己的使命。再寄上一首诗,这是我在海滨写的:

> 蔚蓝的海面雾霭茫茫,
>
> 孤独的帆儿闪着白光!……

---

[1] 安涅蒂,即安娜·格里戈里耶夫娜·斯托雷平娜(1815—1892),是纳塔利娅·阿列克谢耶夫娜的女儿,莱蒙托夫的表姨。

[2] 指莱蒙托夫为自己想象中的祖先——西班牙大公莱尔玛画的半身像。这幅肖像画在洛普欣家他好友阿列克谢的房间的墙上。

它到遥远的异地找什么？

它把什么抛弃在故乡？……

呼啸的海风翻卷着波浪，

桅杆弓着身在嘎吱作响……

唉！它不是要寻找幸福，

也不是逃离幸福的乐疆！

下面涌着清澈的碧流，

上面洒着金色的阳光……

不安分的帆儿却祈求风暴，

仿佛风暴里有宁静之邦！①

　　再见吧，再见！我身体不太舒服：好梦，美梦，弄得我整天心烦意乱……我既不愿讲话又不能阅读，也不能写作。梦——可真是个怪玩意儿！它是生活的另一面，而且往往是比真实生活更好的一面。有人把生活说成是梦，我完全不同意这种观点；我实实在在也感受到生活的存在和它那诱人的空虚。我永远不能摆脱它，以便用整个身心去蔑视它；因为

---

① 引诗为顾蕴璞所译。

我的生活就是我本人，就是现在跟您讲话的人，而且也可以在一瞬间变成空无，变成一个人名，其实也就是空无。天晓得，这个我在我死后是否还会存在！一想到：终有一天，我不能再说"我"时，就感到恐怖！这么一想，整个世界已不是什么别的东西，仅仅是一抔尘土而已。

再见了，请不要忘记代我向您弟弟和妹妹致意，我估计表姨还没有回来。

亲爱的玛丽亚小姐，请您告诉我，我的表舅叶夫列伊诺夫是否把我的信都转交给您了，您对他的印象如何？在这种情况下，我把您看作是我的测验仪。

再见。

忠于您的莱尔玛

又及：我很想向您提出一个小小的问题，但又不敢下笔。如果您能猜到，那就好了，我也就心满意足了。

如果您猜不到，我即使写出来，您也不会回答我，这个问题也许您根本没有想过！

莱蒙托夫故居塔尔罕内庄园

我过快地成熟了……

致玛·亚·洛普欣娜[①]

圣彼得堡，约 1832 年 10 月 15 日

我写给姨妈的信，如同您写给外祖母的信，都遗失了，这事让我太难过了。当我说我写过信时，姨妈说不定还以为我是在偷懒或是在说谎呢；但，她若这么想或那么想，就不公正了，因为我太爱她了，我不能对她说谎，您可以让她相信，我并不懒于写信；我也许随这封信就向她表明自己，如果这次没做到，那么请您代我说一声；后天我参加考试，现在集中精力在攻数学。请您求她有空时给我写写信——她的信写得总是那么亲切。

我有一桩重大新闻，我想象不出您听后会有什么反应：直到今日为止，我为文学事业而生存，我为这个忘恩负义的偶像做出那么多牺牲，如今我成了军人。也许这是天意的

---

① 这封信是用法文写的。莱蒙托夫已考入禁卫军骑兵士官学校。

特殊安排；也许这是最短的一条路程，如果它不把我引向我的第一个目标，那么它也许会把我引向我整个生存的最后目标：胸口中弹而亡——这相当于老人经受缓慢的垂死挣扎。总而言之，如果战争爆发了，我向上帝保证，我永远会冲锋在前。请您转告阿列克西斯，说我将给他寄去一件他意想不到的礼物。他早就想有这么一件东西；但他收到的会比他想的要好上十倍。我现在不给他写信，因为没有时间——过几天就要考试了。只要一腾出手来，我就会连续不断地给您写信，祈求你们所有人，男男女女，给我回信。索菲娅小姐曾答应我：她一回到家中就给我写信——是不是沃罗涅日的献媚者让她把我忘掉了？请您转告她，我希望得到她的一点消息。写封信算得了什么？半个小时罢了！她也不准备考进禁卫军学校。老实说，我只能支配夜里的时间。你们则不同。我觉得，如果我不向你们报告某一桩与我有关的重大事件，那么我的决心有一半就白费了。不管你相信与否，事实就是如此；我一旦收到您的信，也不知为什么，我就不能控制自己不马上给您回信，仿佛我在和您交谈。

别了，亲爱的朋友；我不说再会，因为我指望不了在此地见到您。在我和迷人的莫斯科中间横着重重无法逾越的障碍，而命运似乎又使这些障碍逐日增加。别了，依然像过去那样地来信吧，那时我就会对您表示满意。现在我比任何时候都更需要您的来信；在我今后的囚禁式的生活中，您的来信会给我带来最大的快乐，它是我唯一连接过去和未来的东西；我的过去和未来现在已经背道而驰了，它们中间还隔着两年可悲的沉重的岁月……请您担负起这一仁爱但乏味的英勇行动吧——那时您就会拯救我的性命。您是我唯一可以把自己所思考的事，无论好事还是坏事，都对着吐露出来的人；我已经用自己的坦白向您表明了这一点，您不应该，不应该落在我的后边，因为我向您要求的不是恭维话而是施恩行善。有几天我感到惊慌不安，如今已经过去，一切都结束了；我生活了一阵，我过快地成熟了，未来不会带来新的印象……

他降生到世上就为幸福、希望

与平静的灵感！——但热情如狂，

过早地挣脱了他身上穿的童装，

把心儿抛进了喧嚣生活的海洋，

人世不容他，上帝也不保全！

恰似一只早熟的浆果，

在鲜花丛中悬挂的异乡人，

不能开胃养人，也不能悦目赏心，

群芳争艳的节令已是它萎落的时辰！

贪婪的小虫啃咬着它，

同时那柔情蜜意的女友们

在枝头晃动着——早熟的果实

只加重自己的……直到暴风雪降临！

当个没白发的老人简直荒唐；

他找不到自己的同类；他跟随人群

前进着，虽则跟他们不交心；

在人群中他既非奴隶也不是主人，

他感觉他所感到的一切都独自一人！ [①]

别了，我向各位鞠躬致意；请不要忘记我。

米·莱蒙托夫

又及：我给叶夫列伊诺夫写信时从未提及您的任何一件事。您已发现我关于他的性格说的都是真话；只有我称他是伪君子时，我说错了：他没有足够的天赋成为这样一个人物，他只不过是一个爱撒谎的人。

---

① 引诗为顾蕴璞所译。

莱蒙托夫的母亲
——玛利亚·米哈伊洛夫娜·莱蒙托娃

为我寻找命运注定的未来

致亚·米·韦列夏金娜 [1]

圣彼得堡，1832 年 10 月底或 11 月初

不主持公道又偏听偏信的女性！——请注意，亲爱的姨妈，我有充分理由这样称呼您！您轻信了一位少女的话和她写的信，并没有予以反驳。安涅蒂说，她从来没有写过信

---

[1] 这封信是用法文写的。是答复韦列夏金娜 10 月 13 日的信。她的信也是用法文写的。信中说："安涅蒂·斯托雷平娜写信给帕维尔，说您在大学里发生了不愉快的事，还说我姨妈因为这事病倒了。求求您来封信，告诉我这是怎么一回事儿。我们这儿总是把苍蝇说成大象，求求您，别让我挂心！——不幸的是我太了解您了，我才能放心得下，我知道您为了任何一件蠢事都能和任何一个相遇的人决斗。呸，多丢人！您的性格这么坏，永远不会幸福。"亚历山德拉·米哈伊洛夫娜·韦列夏金娜对莱蒙托夫很好，可惜莱蒙托夫写给她的信，几乎都被她母亲给销毁了，因为莱蒙托夫的信中冷嘲热讽的话太多，而且牵涉很多人。

说我出了事①，她只说没有把我在莫斯科的学习时间计算进去，其他许多人也是一样，因为各大学都实行了改革，所以我担心阿列克西斯②也要吃点亏，因为度过三年不可忍受的时间之后，还得再增加一年。

夫人，您大概已经知道我准备进入禁卫军士官学校了。这样一来，我就失掉了早日见到您的乐趣了。如果您能感受到这事给我带来的一切痛苦——您会可怜我的。如果您有一颗心的话，就别骂我，安慰我几句吧！

您谈到字字推敲，我不明白您要说明什么，我不记得我给您写过类似的话。不管怎么说，我感谢您把我臭骂了一顿，这对我今后颇为有益。请您听好，如果您来圣彼得堡，我希望能彻底为自己报仇，而且还要用剑击的办法，并且手下不留情。不过，您不用为此害怕——来吧，随身把人数众多的

---

① 所谓"出了事"，指1831年3月16日，莫斯科大学附设寄宿学校学生们驱赶马洛夫教授一事。莱蒙托夫参加了那次活动，但并没有受到处分。1832年6月1日和6月18日他两次向校方提出申请，希望因"家庭缘故"许他自动退学。校方同意了，但校方发给他的证明中，并未注明他在该校的学历。
② 阿列克西斯，指阿列克谢·亚历山德罗维奇·洛普欣（1813—1872），莱蒙托夫的同学与好友。

随员侍从和索菲娅小姐 ① 也都带来，我不给她写信了，因为我生她的气。她答应我，待她从沃罗涅日回来以后，就给我写信，写封长信，可是代替长信的是我长时间的等待。

可是您，亲爱的姨妈，在这方面还责备我，虽然我托帕维尔·叶夫列伊诺夫先生带信之后，已经又写了两封信；但，由于这两封信都是寄到莫斯科斯托雷平家的，我相信它们已沉入忘河，或者是某一位仆人的妻子用我那温情脉脉的信包了蜡烛。

总之，今冬我等候您的光临……不用支吾搪塞地回答！您必须来！一个美好的计划不应当付之东流，一朵花儿不应当在自己的枝上枯萎，等等。

暂时对您说：再见！没有什么更有趣味的事情可以向您禀报。我正准备考试，再过一周，靠老天爷的帮助，我就要成为军人了。再有，您太看重涅瓦河水的作用了，它有良好的缓泻功能，我不知它还有其他用途。看来，您已经把我过去表示的好意都忘在脑后了，只接受对现在与未来的祝愿，我现在马上把它呈献在您的面前。再见了，亲爱的朋友，请您尽心竭力为我寻找命运注定的未来。未来应当像达莎，但不应当有她那么大的肚子，否则和我很不相配，因为您知道，

① 索菲娅小姐，指索菲娅·亚历山德罗夫娜·巴赫梅捷娃。

也许您不知道，我变得像火柴棍那么细了。

吻，您的纤手。

米·莱尔玛

又及：向我的各位姨妈致敬。

不知道怎么生活下去

致玛·亚·洛普欣娜[1]

圣彼得堡，1833年6月19日

我收到您的两封信，亲爱的好友，一口气都读完了——因为好久没有得到您的信息。昨天，最后一个星期日，我是在城里度过的。明天（星期二）我们要去野营两个月。我现在坐在教室的板凳上给您写信；周围吵吵嚷嚷，大家都在做准备工作，等等……我在学校只过了两个月[2]，已经考入一年级，现在是头几名学员中的一个，我相信您得到这个消息后一定会高兴。这使人相信不久以后就有获得自由行动的希望了！

然而，必须把一桩相当奇怪的事讲给您听：星期六，醒来之前，我做了一个梦，梦见我仿佛是在您的家中：您在客

---

① 这封信是用法文写的。

② 莱蒙托夫在禁卫军骑兵士官学校读一年级期间，训练骑术时落马伤了腿脚，所以他只上了两个月的课。

厅里坐在一张大沙发上；我走近您，问您是否愿意我跟您彻底吵翻；而您伸出手来代替回答。晚上我们放假，我回家了，他们把您的信交给了我。这事让我惊奇！我想知道您在这一天发生了什么事？

我现在必须向您解释一下，为什么我把这封信寄往莫斯科，而不是农村；我把您的信和地址一起都留在家里了，谁也不知道我把您的信藏在什么地方，所以我就无法让他们把您的地址寄到这里来。

您问我，有关公爵结婚①的一句话是什么意思：是悬梁自尽还是结婚成亲！——天理良心，我不记得我写过类似的话，因为我对公爵的印象极好，我相信他不是那种根据名单选择未婚妻的人。

请您告诉姨妈，明年冬天一位可亲可爱、潇洒英俊的人：伊万·瓦德科夫斯基②会去拜访她；此人当上了禁卫军军官，只因为他的上级上校将娶他的姐姐为妻！喏，在这之后岂能

① 据俄罗斯学者考证，这里可能指的是尼古莱·尼古拉耶维奇·特鲁别茨科伊（？—1879）与叶连娜·亚历山德罗夫娜·洛普欣娜的婚姻。

② 伊万·瓦德科夫斯基（？—1865），据俄罗斯学者考证，此人可能指的是一位少将的儿子。

说当今世界上没有偶然的事！

请您直截了当地告诉我：有一段时间您是否在生我的气了？喏，此事既然已经过去，我们就不再谈论它了。再见，他们在唤我，因为将军驾到。再见！

米·莱尔玛

代我向所有人鞠躬。

已经很晚了。我挤出一点儿时间来继续写这封信。自从我没有给您写信以来，我遇到了那么多奇怪的事，老实说，我都不知道怎么生活下去了，是胡作非为呢，还是糊里糊涂地混日子。说句实话，这两种生活方法常常导致同一个结局。我知道，您将对我进行开导，尽力安慰我——多此一举！我比任何时候都更幸福，比马路上乱唱乱叫的任何一个酒鬼都开心！这种词汇让您恶心，但常言说：你和什么人混在一起——我就可以说明你是什么人。我信您的话，苏太太[①]是爱撒谎的人，因为我知道，您从来不说假话，特别是涉及现

---

① 苏太太，指叶·亚·苏什科娃，玛·洛普欣娜对她有看法，在信中可能讲了一些嘲讽她的话。这封信没有保存下来。

象不良的时候！管它呢！……我本来还可以向您谈些别后的事情，不谈了；因为一次行动要比很多话都重要；而您又知道，我生性懒惰，满足于现状，因为我知道我的行动和我的话只能有一个悲惨的结局。

再见。

莱蒙托夫在塔曼的故居

我需要……可以用黄金购买的幸福

致玛·亚·洛普欣娜[1]

圣彼得堡，1833 年 8 月 4 日

自从我们住进野营以后，我一直没有给您写信，即使再想写，也根本办不到。请您设想一下，帐篷三俄尺长，三俄尺宽，二点五俄尺高；里边住着三个人，所有的行李和装备，如军刀、卡宾枪、高筒军帽等都在这里。天气坏极了，雨下个不停，所以我们的衣服常常一连两天也晾不干。即使如此，我还是蛮喜欢这种生活。您知道吗，我的好友，我一向迷恋于雨和泥——到了这里，多亏上帝开恩，我享受个够。

——我们已经回城了，再过不久我们又开始上课了。有一个念头令我兴奋——即再过一年我就是军官了！到了那时，到了那时……我的上帝呀！如果您能知道我准备过怎样的生活该多好啊！啊，这太美了！第一，装疯卖傻，胡作非为和写诗，诗中飘着香槟酒味。我知道您会大叫起来，喏，

---

[1] 这封信是用法文写的。

55

我想入非非的时代已经过去了，再没有什么信仰了，我需要物质享受，可以感受的幸福，可以用黄金购买的幸福，可以像烟盒般装入衣兜随身携带的幸福，只要它能够迷惑我的感情就行，让我的心灵安安静静、无所事事！……这才是我现在最需要的。您看，我的好友，自从我们分手以来，我有了某些变化。我很快就发现我的美丽的幻想都风消云散了，我对自己说，不值得再创造新的幻想了；我心里想，迫使自己没有它而生活。我试验了一下，这期间我活像一个慢慢戒酒的醉鬼；我的努力没有浪费，过了不久，往事在我眼前犹如一些没有价值的极其平凡的奇遇。喏，我们还是谈谈别的事吧。您说，特鲁别茨科伊公爵和您的妹妹，即他的夫人，彼此非常满意；我不太相信这种说法，因为我大概还了解他们二人的性格：您妹妹不是太愿意唯命是从的人，公爵好像也不是一只羔羊！但愿这种人为的安宁能够维持得尽量长久，不过我不能道出任何好的预言。我没有说您缺少洞察力，我更觉得您不想把自己心里的事都告诉我，这是非常容易理解的，如果我的假设现在合理的话，您甚至不必说声：是。——您在农村都干些什么？您的乡邻多吗？他们可爱吗？他们有趣儿吗？您看，这些问题，大概没有任何蓄意！

说不定再过一年我会去看望您。我能发生多少变化呢？

您还能认识我吗，还愿意认识我吗？我还能扮演什么角色呢？您对会晤能感到愉快吗？或者会让您我都感到困惑？我提醒您，我已经不是过去的我了：我的感受、我的言谈都变了，再过一年，天知道，我又会变成什么样。我的生活至今为止是接连不断的失望，如今我觉得可笑，我嘲笑自己也嘲笑别人。我刚刚尝了一口生活的美味，不等享受个够就腻烦了。这是令人非常伤心的事，以后尽力不要重演。我的好友，您回到莫斯科时，告诉我一声……相信您对我的态度永远不会改变。别了。

米·莱尔玛

又及：如果您给姨妈写信，就请代我向她鞠躬致敬，我太懒了。

接受您的盛情邀请

致玛·利·西曼斯卡娅 [1]

圣彼得堡，1834 年 5 月 11 日

珍爱的表姐 [2]！我怀着惊喜的心情接受您的盛情邀请，当然，我会马上来向舅父表示祝贺，不过只能在午饭之后才能赶到，因为感到非常遗憾的是：我的表舅斯托雷平 [3] 前天去世了——所以我相信，您不会因为我不得不晚见您几个小时而认为我失敬，我必须去执行既令人悲伤，又不能不尽的义务。

整晚和终生都忠于您的

米·莱

---

① 这封信是用法文写的。

② 玛丽亚·利沃夫娜·西曼斯卡娅（？—1878）是莱蒙托夫的远亲。

③ 帕维尔·斯托雷平是莱蒙托夫外祖母的妹妹的儿子，1834 年 5 月 9 日游泳时不幸淹死在克伦施塔特与彼得戈夫之间的水域。

玛·利·西曼斯卡娅

我总得保留一点点年轻火热的心

致玛·亚·洛普欣娜 [①]

圣彼得堡，1834 年 12 月 23 日

　　亲爱的好友！不管发生什么事情，我永远不会改变对您的称呼；一旦改变了就意味着我与往日的最后联系被割断了，而这是我在人世上最不愿意出现的事，因为我的未来，表面冠冕堂皇，而实质庸俗空洞。我应当向您坦白，我更加相信自己永远不能成器：我满脑子美丽的幻想，而在生活道路上，却步步走错；不是没有机遇就是缺乏决心。有人对我说：机遇总有一天会碰上的，但决心要靠时间与经验来积累！……可是谁能保证这些事会实现呢？我总得保留哪怕是一点点年轻火热的心，这颗心为上帝所赐，但非常不合时宜，谁能保证我的意志在期待中不会枯竭，最后，谁能保证我对能够刺激我在生活中前进的事物不会丧失信心呢？

----

① 这封信是用法文写的。

60

总而言之，这封信我是从忏悔开始，没有别的用意！让它代替我的道歉吧：您起码能发现，即使我的性格有所变化，我的心依然如故。您最近的一封信，只消看一眼便知道您是在责备我，当然，这种责备是完全应该的。我现在能给您写些什么呢？谈谈自己吗？老实说，我对自己已厌烦透了，每当想到我是在欣赏自己的思想时，我就尽力回忆在什么地方读过它，因此我有意不读任何作品，以便不去思考。我现在有时出现在上流社会中，目的在于让他们认识我，在于证明我在良好的社交界善于寻找乐趣……嗨！……我献殷勤，表白了爱情之后就讲些粗野的话。这事多少让我开心，虽然这种做法并不新鲜，不过也不经常！……您以为我这么做会遭到驱逐吗？啊，并非如此！恰恰相反：妇女生来如此。我和她们交往时胆子越来越大。无论是愤怒还是温柔——什么都不能使我感到困惑；我永远坚持不懈，热情饱满，可是我的心却是冷冰冰的，只有特殊情况下它才能激动起来。我是不是走得太远了！……请您不要以为我是在自吹自擂——我现在是最谦虚不过的人了，而且我知道在您的面前这种表现毫无益处。之所以这么说，是因为我只敢对您这么坦诚；因为只有您才会怜悯我，不歧视我，因为我已经瞧不起自己了。

如果我不了解您的宽宏大量，您的理智头脑，我是不会讲出我对您讲的这些话的。当年，是您减轻了我极大痛苦；也许您现在仍然愿意用温存的话语驱散我的冷嘲。这种冷嘲像河水渗入破船一般源源不断地潜入我的心房！啊，我是多么想再见到您呀，与您谈天论地——您讲话的声音本身就使我受益匪浅。老实说，写信时应当在字上标明音符，而现在读信如同看照片：没有生命，没有动作；思想呆板的表现，它多少带有死亡的味道！

阿列克西斯回来时，我到皇村去了一趟。当我得知那件事之后，几乎高兴得发了疯：我和自己说话，欢笑，搓手。霎时间我又回到了昔日的欢乐之中，可怕的两年似乎不曾存在过，终于……

我看您的弟弟变化极大，他像我当年那么胖，脸蛋红彤彤的，但总是那么严肃和稳重；不过，我们相见的那天晚上，我们俩像发疯似的大笑不已——鬼知道是因为什么！

我觉得他对卡捷琳娜·苏什科娃小姐颇有好感，请您告诉我，您知道这件事吗？……这位小姐的叔叔们好像很想让他们成亲。上帝保佑！……这个女人是只蝙蝠，遇见什么它的翅膀就会勾上什么。我当年也喜欢过她。现在她几乎是强制我向她献殷勤……但，不知道为什么，我总觉得她的举止中、声音中，有一种生硬的、沮丧的东西，令人反感；只要讨得她欢心，你就能在败坏她的名声中寻找乐趣，看她怎样困扰在自己的罗网里而不能自拔。

亲爱的朋友，请给我来信吧；我们的各种误解如今已经烟消云散，您没有必要再抱怨我了。其实，我在这封信中表现得够真诚、够恭顺的了，总可以让您把我犯的有害于友情的罪行忘个一干二净！

我很想与您见见面，其实这是一种利己的愿望，因为我在您身边时就会心安理得，就会恢复当年的样子，值得信赖、满怀爱情与忠诚、才华横溢，最后，还有人们无法从我们手中抢走的幸运却被上帝本人抢走！再见，再见，想再写一些，但写不成了。

米·莱尔玛

又及：请您代我向您认为应该问候的人鞠躬致意……再次再见。

玛·亚·洛普欣娜

我满足于自己，也满足于世界

致亚·米·韦列夏金娜[①]

圣彼得堡，1835 年春

珍爱的姨妈！

我决心偿还欠您的债务，虽然您怀着一片好意不向我索要。我想，我这次所表现的宽宏大量总能打动您的心吧。而您的心从某时起变得冷酷无情。为了得到您的回报，我只恳求您用几滴墨水，用笔画上几条道道，以此告诉我你还没有从记忆中完全把我驱赶出去。否则的话，我就得在他人身上寻找安慰了（这儿我也有几位表姨妈），而最不沉湎于爱的女性（这事显而易见）也不太喜欢别人远离她去寻找安慰。——其次，如果您继续坚持不理我，我可以尽快去莫斯科——到那时我报复起来可就没有限度了。您可知道，战争中可以宽大处理投降的驻防部队，但攻打下来的城市只能成

———————————

① 这封信是用法文写的。

为胜利者无情地发泄愤怒的地方。

我像骠骑兵一般硬是充当了一阵好汉之后，现在匍匐在您的脚下，为自己求情，并期待您的宽恕。

结束初步议和，我开始讲述这段时间里我都遇到了什么事，如同久别之后重逢时所做的那样。

阿列克西斯可以讲一讲我的日常生活。但没有什么有意思的事，如果不把我和苏什科娃①小姐的传奇经历的开端算在内，而这个经历的结尾是极为有趣又无比离奇。

如果我开始向她献殷勤，并非旧情的余绪。最初只不过是逢场作戏而已，后来，我们关系修好，算了老账。情况就是如此。我进入上流社会时，发现每个人有一座抬高自己的基础：雄厚的财产、名望、头衔、关系……我发现，如果我能成为一个人物，那么别人也会在不知不觉中关心我，先是出于好奇，然后是为了角逐。我明白了，苏什科娃想制服我，因为她在我的关系上很容易败坏自己的名声。于是我就尽自己的所能把她的名声给败坏了，没有伤害自己。我当众对待她仿佛她与我的关系很亲近，使她感觉到，只有采取这种办

---

① 叶卡捷琳娜·亚历山德罗夫娜·苏什科娃（1812—1868），莱蒙托夫早年的恋人。

法她才能征服我。当我发现自己已经得手，如果再干下去就会毁了自己时，我便耍了一个手腕。首先，我在上流社会中对她变得比较冷淡了，可是单独和她在一起时又情意绵绵，以此表示我已不再爱她，而她还在喜欢我（其实，并非如此）。当她开始觉察到这一点并企图甩掉包袱时，我首先在众目睽睽之下把她抛弃了。我变得残酷而又狂妄，可笑而又冰冷，我开始向别的女性献殷勤，并假装保密的样子向她们讲述事情对我有利的一面。我意外的举动使她如此惊讶，使她最初甚至不知应该如何处理是好，她容忍，这样一来，这事就成了一种话题，使我变成了像是获得全胜的人的样子；后来她清醒过来了到处骂我，但我预先警告过她，所以朋友和仇人都认为她的仇恨是爱情受了刺激。此后，她又企图用悲痛的假相诱我上钩；她向我的所有好友讲她爱我；我没有回到她身边，而是巧妙地利用这一切……我无法向您讲述这一切对我是多么有用；讲起来话就太长了，而且还牵扯一些您不认识的人。这件事还有可笑的一面。当我发现必须在上流社会中与她断绝关系，而单独在一起又像是对她忠贞不渝时，我马上找到了一个妙不可言的手段——写了一封匿名信："小姐，我认识您，但您不知道我……我提醒您，您要当心米·莱这个青年人。他会害了您，等等，兹提供您一些旁证（尽是一些胡诌的废话），等等。"这封信写了满满四张纸……我巧妙地把这封信寄了出去，让它能落到姨妈手中。家中——闹翻了天……第二天一清早我就前去拜访，目的是无论如何不被他们所接待。晚上，在舞会上，我向叶卡捷琳娜·亚历山德罗夫娜表示我的惊讶。她告诉我一件可怕的、无法理解的新闻，我们进行各种猜测，我把一切都归咎于隐姓埋名的仇人，其实这种人根本不存在。最后她对我说，亲属们不让她和我说话和跳舞，我表示绝望；但又得提防不要违背舅舅和姨妈们的禁令。这段动人的经历就是这么发展的，您听后当然对我会产生满足了虚荣心的印象！其实妇女总会原谅我们对别的妇女干的坏事（拉罗什富科①格言）。如今，我不撰写爱情小说，而亲身制造爱情故事了。

总之，您看，五年前苏什科娃小姐卖弄风情时让我流过的泪水，如今我已经很好地报复了。啊，不过我们还没有清账！她当时折磨的是个孩子的心，而我现在鞭笞的仅仅是一个打情骂俏的老妪的虚荣心，说不定她会更……但，不管怎

---

① 拉罗什富科（1613—1680），法国道德问题作家，他以格言形式表述他对贵族社会风尚的观察所做出的哲理性结论，并予以辛辣的讽刺，作品有《道德箴言录》等。

么说，我占了便宜，她帮了我的大忙。啊，我的变化太大了！我不知道这是怎么发生的，但我的性格、我的观点每天都多了一点儿新的色彩——我知道这事应当发生……但是我没有想到会这么快。啊，亲爱的姨妈，我应当向您坦白，我没有给您和玛丽亚小姐写信，原因是怕您根据我的信发现我几乎再不配享有您的情谊，因为我不能对你们二位隐瞒真相；我不能对您——我少年时梦想中所宠信的人隐瞒真情实相，想当年那些梦想是那么美丽，特别是在记忆中。不管怎么说，如果您看我一眼，会觉得我年轻了三岁——我当前的形象就是如此优哉游哉、无忧无虑，我满足于自己，也满足于世界，内心与外表的这种反差，您不觉得奇怪吗？

外祖母回去了，我无法表达难过的心情。让我有生以来第一次独自一人生活，这种前景令我不寒而栗。在这座偌大的都市里再没有一个人是关心我的了……

算了，别再讲我这个枯燥无聊的人了，我们还是谈谈您和莫斯科吧！有人告诉我，您现在变得更美了，话是乌格利茨卡娅太太①说的，我相信只有这次她没有说谎；她这个女

---

① 乌格利茨卡娅·玛丽亚·亚历山德罗夫娜（约1803—？），娘家姓叶夫列伊诺夫，莱蒙托夫外祖母的侄女。

人啊，太爱说谎了。她还说她弟妹漂亮极了……这话我就半信半疑，因为她有爱说谎的毛病。真正可笑的是她把自己说得很不幸，想以此博得大家的同情；然而，我深信世界上没有一个女人能比她更不值得可怜的。三十二岁的人了，性格还像个孩子，还以为自己能够唤起他人的激情！……在这之后，再诉苦？

她还告诉我，瓦尔瓦拉①小姐准备嫁给巴赫梅捷夫先生。我不知道是否应该相信她的话，但不管怎么说，我祝愿瓦尔瓦拉小姐伉俪生活美满，直到他们银婚纪念，甚至更长久，如果她到那时还没有腻烦。

现在我告诉给您一条新闻：纳塔利娅·阿列克谢耶夫娜②和全家老少准备出国了！！！喏，让那边的人通过她而对我国俄罗斯太太们有个良好的认识吧……

请转告阿列克西斯，说他的情人拉德任斯卡娅小姐一天比一天富态起来！……我建议他也得更胖一些，那时他俩的

---

① 瓦尔瓦拉·洛普欣娜（1815—1851），玛丽亚的妹妹，莱蒙托夫的情人，他为她写了很多献诗。1835年她嫁给了尼古拉·费多罗维奇·巴赫梅捷夫。她去世后，丈夫把她与莱蒙托夫的通信全部销毁。

② 纳塔利娅·阿列克谢耶夫娜·斯托雷平娜，见第37页脚注。

对比才不会太骇人。我是否已经写得使您感到厌烦了——这种办法是否是争取宽恕的最佳手段？第八页信纸已经快写满了，我不敢再写第九页……总之，亲爱的狠心的姨妈，再见，如果您的确恢复了对我的好感，希望能通过您的仆人的信告知我，因为我不敢指望您亲笔的便笺。我有幸在信的结尾表明自己的立场。

顺从您的米·莱蒙托夫

又及：请代我向各位姨妈、表兄弟、表姐妹和熟悉的人们鞠躬致意。

莱蒙托夫

恳求书刊检查机关

致亚·米·格杰奥诺夫[①]

圣彼得堡，约 1835 年 12 月 20 日

尊敬的亚历山大·米哈伊洛维奇[②]阁下，

今将书刊检查机关退下的拙作剧本《假面舞会》补写了第四幕，我期望这次能得到检查官的批准。鉴于拙作上次是通过拉耶夫斯基先生呈递予您，新写的一幕同样请他转呈检查官审定。[③]

我暂离圣彼得堡一段时间，再次恳求阁下对鄙人之拙作

---

① 这封信由他人代写，莱蒙托夫签署了自己的姓名。

② 亚历山大·米哈伊洛维奇·格杰奥诺夫（1791—1835），是代表政府管理圣彼得堡各剧院的总经理，据说此人对艺术完全外行。

③ 《假面舞会》原作为三幕剧。根据书刊检查机关的批示，莱蒙托夫增写了一幕，仍然未能批准上演。莱蒙托夫根据书刊检查机关的批示，又增加了一幕改名为《阿尔别宁》，亦未批准。《假面舞会》首次搬上圣彼得堡舞台已在莱蒙托夫逝世之后，那是 1852 年，但演出的亦不是全剧，而是改编的几个场面。

给以高度重视。

怀着美好的敬意与忠诚，有幸成为阁下的最顺从的仆人

米·莱蒙托夫

莱蒙托夫

我在恋爱……

致斯·阿·拉耶夫斯基 [1]

塔尔罕内，1836 年 1 月 16 日

可爱的斯维亚托斯拉夫！你至今还懒于告诉我你在做什么，圣彼得堡都有些什么事，这使我感到很难过。我现在住在琴巴尔县塔尔罕内村（我把地址告诉你，以防万一你不知道它）我外祖母家中。聆听窗外暴风雪呼啸的声音（这儿的天气总是令人害怕，大雪有一俄丈深，马匹陷下去就……邻里也不互相干扰，这样，顺便说一句，相当惬意），我一个人吃十个人的饭……我受不了，因为村姑们都有一股怪味，

---

[1] 斯维亚托斯拉夫·阿法纳西耶维奇·拉耶夫斯基（1808—1876），是莱蒙托夫的好友。童年时代他与莱蒙托夫同住在塔尔罕内庄园。1828 年，从莫斯科大学毕业后，他移居圣彼得堡，在财政部任职，1836 年到国家财产司工作。1837 年 2 月 21 日他因传播莱蒙托夫悼念普希金的诗《诗人之死》而被捕。当时下令逮捕他的是在第 20 封信中提到的在政府中担任要职的彼·安·克莱因米赫利（1793—1869）将军。

我现在正在写一部新剧的第四幕①，描述的内容是我在莫斯科经历的一桩事。啊，莫斯科呀，莫斯科，这是我们历代祖先的首都，是伟大的、渺小的、白色的、黑色的、红色的，各种颜色的俄罗斯的金顶女皇，莫斯科呀……她娘的，对我太卑鄙了！我应当从头向你说起，我在恋爱。从中我得到了什么好处呢？清一色是……说句良心话，我的心仍然听从理智的支配，但身体的另一部位，并不见得不重要的部位，正在造反，快要命了。这么一说你就看清楚了我不幸的现状吧！你作为朋友，大概会可怜我，也许会嫉妒我，因为凡是我们没有的都是好的，大概因此我们才会……喜欢。这就是地地道道的乡巴佬哲学。

我担心，我的《阿尔别宁》②又没有通过，我想正是这个缘故使你不来信。算了，不谈这事了！

我还担心，我的马没有卖出去，让你为难了。如果你早

---

① 指剧本《两兄弟》。

② 拉耶夫斯基曾接受莱蒙托夫的委托处理他的一些经济事务和文学事务，包括领取书刊检查机关有关莱蒙托夫的剧本《假面舞会》修正稿的批准书一事。当时《假面舞会》的标题是《阿尔别宁》。拉耶夫斯基与文学界人士较熟，与出版家兼记者安德烈·亚历山大罗维奇·克拉耶夫斯基（1810—1889）关系甚好。正是拉耶夫斯基把莱蒙托夫介绍给克拉耶夫斯基的。

些时候来信，我就会寄钱去饲养那些马匹和有关人员。再有，如果这些马卖不出去，那么我从此地就不带上原来打算带的那么多马了。求求你，收到此信后，立刻回个信。

我再向你宣布一个新闻：今夏，也就是说今年七月，我外祖母将搬到圣彼得堡去住。我把她说服了，因为她苦恼极了，现在钱款绰绰有余，不过我告诉你，我们不会分开。

我不向你描绘我在莫斯科的奇遇①，以此来惩罚你过分的谦虚，好在你还想起了惩罚一事。信就写到这里为止（你从中可以看出我是多么善良和大方）。

米·莱蒙托夫

---

① "在莫斯科的奇遇"，指莱蒙托夫与瓦·亚·洛普欣娜的会见。洛普欣娜与莱蒙托夫本来很亲近，但1835年5月她嫁给了尼·费·巴赫梅捷夫（1798—1884）。

莱蒙托夫的外祖母

我将尽一切努力来保持安宁的生活

致伊·阿·阿尔谢尼耶娃 [①]

皇村，1836年3月末－4月上半月

亲爱的姥姥，

您来此地的日子快到了，所以我正在找房子，我还看中了一架高大的马车；普拉斯科维亚·尼古拉耶夫娜·阿赫韦

---

① 伊丽莎白·阿列克谢耶夫娜·阿尔谢尼耶娃（1773—1845），莱蒙托夫的外祖母，是富有的地主斯托雷平的女儿，靠酿酒巩固了自己的家业。伊丽莎白于1794年与禁卫军中尉米哈伊尔·瓦西里耶维奇·阿尔谢尼耶夫（1768—1810）结婚。男方家业远不及女方。1794年阿尔谢尼耶夫一家在奔萨州买了塔尔罕内村，然后迁居该庄园。1795年，生女儿玛丽亚。阿尔谢尼耶夫于1810年自杀，1817年独生女又死于肺病，伊丽莎白便把自己的爱全部倾注在外孙莱蒙托夫身上。她非常关心他的教育。直到1835年，从未离开过外孙。外孙在莫斯科和圣彼得堡读书时，外祖母亦伴随在身边。1835年因经济问题，外祖母第一次离开外孙去了塔尔罕内庄园。不久，莱蒙托夫劝外祖母返回首都圣彼得堡，为此他找了一所宽敞的住宅。

尔多娃 ① 准备五月将自己的住所出租，我觉得它适合我们，就是远些。——我的几匹巴什季利亚种马真有耐力，简直是奇迹，我骑马跑到圣彼得堡——人到了，可是马连汗都没有冒；有一对高头大马，特别是其中一匹，大家都看个没够——这几匹马如此精神，实在出乎意料。——将军的那匹马，我还没有买下来，我对他已经讲过，他表示同意。我将格里戈里·瓦西里耶维奇 ② 的原信寄给您，我怎么答复他，等您的回信再说；我对您说句实话，您若不指点我，我真不知应该给他写些什么：我怕干出蠢事来。——据说陛下近日迁居皇村——我们的服务项目就要多起来了，现在我更多的时间是住在皇村，在圣彼得堡没事可做——我已经有一个半月没有到那里去了；公务情况一切顺利——我已开始习惯于皇村生活。

请您告诉我，如何给格里戈里·瓦西里耶维奇回信。

再见了，亲爱的姥姥，祝您健康，我的事情您尽管放心，

---

① 普拉斯科维亚·尼古拉耶夫娜·阿赫韦尔多娃（1786—1851），莱蒙托夫的姨妈，阿赫韦尔多夫将军的遗孀。1830年她从高加索迁居圣彼得堡常与莱蒙托夫的外祖母见面。阿赫韦尔多娃并没有自己的寓所，她住的是租的房子。

② 格里戈里·瓦西里耶维奇·阿尔谢尼耶夫（1777—1850），莱蒙托夫外祖父的亲弟弟，曾经帮助莱蒙托夫管理家业。

至于我嘛，请您相信，我将尽一切努力来保持安宁的生活。

吻您的纤手并请求您的祝福。

听您话的外孙

米·莱蒙托夫

莱蒙托夫的画——《马》（1830 年）

请给我寄一千五百八十卢布

致伊·阿·阿尔谢尼耶娃

圣彼得堡，1836 年 4 月下半月

亲爱的姥姥，

玛丽亚·阿基莫夫娜 [①] 前几天走了——我在皇村时听说她离去的消息——我进城过了一个晚上，去看望她，但没有见到，所以没有请她给您带信。——您大概在她到来之前会收到我这封信的，您不必因为我没有请她给您捎信而感到不安。

前几天我从一位将军那儿买了一匹马，如果您有现款，请给我寄一千五百八十卢布；这匹马很好，值更高的价——再说此价不算贵。

关于住宅问题我还没有拿定主意，但已经看中了几处；到了五月初，房租会便宜些，因为很多人都去住别墅。我大

---

① 玛丽亚·阿基莫夫娜·山吉列伊，见正文第 1 页。

概写信告诉过您，说伊丽莎白·阿尔卡季耶夫娜[1]今年春天和纳塔利娅·阿列克谢耶夫娜[2]到外国去一年；现在这是一种时髦风气，如同当年英国似的；莫斯科约有二十家人准备明年到外国去。姥姥，请您别再拖延启程的时间了：我估计您已经收到了我的信，信中附有格里戈里·瓦西里耶维奇写给您的信——请您告诉我，我给他写些什么好。

真诚地再见了，亲爱的姥姥，请求您的祝福，亲吻您的纤手，您外孙

米·莱蒙托夫

---

[1] 伊丽莎白·阿列克谢耶夫娜·斯托雷平娜（1773—1845），据某些俄罗斯学者考证是阿列克谢·阿尔卡季耶维奇（绰号"蒙戈"，"蒙戈"原是其豢养的狗的名字，据说绰号由此犬而得，他曾是"十六人小组"成员，莱蒙托夫曾向同为"十六人小组"成员的舒瓦洛夫借同名为"蒙戈"的狗育种，详见信件《将您的爱犬蒙戈借给我一用》）和德米特里·阿尔卡季耶维奇的姐妹，但潘菲洛娃编制的斯托雷平家谱中又无此人，故在此注明，存疑。

[2] 纳塔利娅·阿列克谢耶夫娜·斯托雷平娜，见第37页脚注。

我正等候您的指教

致伊·阿·阿尔谢尼耶娃

皇村，1836 年 4 月末至 5 月初

亲爱的姥姥，

我估计您已上路，所以我把此信寄往莫斯科。我最后一封信是 4 月 25 日[1]发出的，我想您在农村时那封信还没有寄到，根据您准备启程的情况，还有安德烈[2]收到他妻子的来信，信中说您打算 4 月 20 日动身。还有，我一直没有收到您的信，这些情况使我猜想您已经在路上了。亲爱的姥姥，我还考虑到您没有收到我那一封谈及格里戈里·瓦西里耶维奇给我来信的事。——如果您已收到了，那么我正等候您的指教。——我在花园街沙赫夫斯基公爵的楼里租了一套住宅，花了两千卢布，大家根据房间数计算都认为不贵。——马车

---

① 4 月 25 日莱蒙托夫写给外祖母的信，下落不明。

② 安德烈·索科洛夫是莱蒙托夫的侍仆。

84

也在等候您使用……我们现在都住在皇村，皇帝和大公^①都在此地。每天训练，有时一天两次。

我在等待您的来信，亲爱的姥姥，来信会消除我的疑虑。

再见。吻您的纤手，请求您的祝福，忠于您的外孙

米·莱蒙托夫

---

① 指沙皇的弟弟米哈伊尔·帕夫洛维奇·罗曼诺夫（1798—1849）。

如果我拒不认罪，
将罚我去当兵……

致斯·阿·拉耶夫斯基

圣彼得堡，1837年2月27日

我亲爱的朋友拉耶夫斯基，

最近，允许我回家辞行。当我得知是我给你造成了不幸，当你为我因那段文字受害时，你想象不出我是多么痛苦。杜贝尔特说，克莱因米赫利也有责任……最初我没有提到你，可是后来他们以皇帝的名义审问我，说你不会有什么问题，如果我拒不认罪，将罚我去当兵……我想起外祖母……所以就不能不说了。为了她，我牺牲了你……我说不清当时的感受，但是我相信，你会理解我，原谅我，并认为我还无愧于自己的友情……谁能想得到呢……我一定来看你。烧掉这张短笺。

你的——米·莱

莱蒙托夫的画——《塔曼悬崖上的房子》

我现在精神几乎恢复了元气

致斯·阿·拉耶夫斯基

圣彼得堡，1837年3月初

可爱的朋友，

　　最近我见到了克拉耶夫斯基，他到我这儿来过，并讲了他所知道的有关你的事。请你相信，我外祖母能办的事，她一定会办到……我现在精神上几乎恢复了元气……曾一度十分痛苦，不过已经过去了。我正为你的忧郁心境而担心，你会怎样呢？我若能和你见见面该多好。只要允许我出门，那么我就会再次去找卫戍司令。说不定他也许会同意我去辞行。再见了，永远属于你的

米·莱

整个世界仿佛都在反对我

致斯·阿·拉耶夫斯基

圣彼得堡，1837年3月上半月

可爱的朋友斯维亚托斯拉夫！

你想象不出你的来信使我高兴到何种程度。你的不幸一直让我内心负疚；我一想到你在为我受苦就心神不安。上帝保佑，但愿你的希望能变成现实。我的外祖母正向杜别尔特求情，也向阿法纳西·阿列克谢耶维奇求情。至于我嘛，我已经订做了一套行装，很快就要启程了。我想，卫戍司令会批准我和你见一面的——不然的话，我也要来看你。今天派人通知我，说在我没有去见克莱因米赫利之前，先不要走，因为现在他也是我的上司了……

我今天去看望阿法纳西·阿列克谢耶维奇，他告诉我没有卫戍司令的批准，不要贸然行事，他本人也想为此事求情。如果他们不允许，我照样会来的。怎么，克拉耶夫斯基也责怪我，说你为我受了苦？有时我觉得整个世界仿佛都在反对我，如果这事不太让人引以为荣，那么老实说，这将使我很难过……再见了，我的朋友。我将来会写信向你讲述奇异的国家——东方。我用拿破仑的话来安慰自己：在东方可以获得荣誉①。听，一片蠢话。别了，永远忠于您的

米·莱尔玛

---

① 信中拿破仑的话是用法文写的。

日子过得活像只真正的鸭子

致玛·亚·洛普欣娜 [①]

1837 年 5 月 31 日

我说话是算数的，我亲爱的珍贵的朋友，现在给您和您的妹妹寄上答应给的契尔克斯族人穿的鞋子，一共六双，所以你们无需吵架，可以轻松愉快地分了；我一找到这种鞋子马上就买了下来。我现在住在矿泉水边上，饮用矿泉水。游泳在矿泉水中，总之，日子过得活像只真正的鸭子。上帝保佑这封信寄到莫斯科时，你们还在那里，否则的话，它得尾随你们在欧洲各地转悠，说不定您会在伦敦，或是在巴黎，或是那不勒斯收到它——总之，当您已对它没有兴趣时，在那个地方，您才会收到它，因此，上帝保佑它，也保佑我，不要发生这类事！——我在此地的住房相当好，每天早晨我

---

① 1837 年夏天，莱蒙托夫来到"五峰城"（又译皮亚季戈尔斯克）治病。那年秋天沙皇尼古拉一世，如信中所提，也来到了该城。

91

凭窗眺望那连绵不断的雪山和厄尔布鲁士山峰；现在也是如此，我坐下来给您写信，不时地把笔放下，以便欣赏一番那巍峨的山峦：它们是那么壮丽，那么雄伟。我估计在矿泉边上生活这段时间，经常会感到寂寞，其实在此地很容易结交朋友，但我尽力回避。天天进山散步，仅仅这一项活动已经锻炼了我的双腿；我总是走路：无论天热还是下雨，照走不误……亲爱的朋友，这就是我的生活方式；此地没有特别好的事，但是……等我恢复健康，等皇帝驾临此地，到那时我就参加讨伐契尔克斯人的秋季战役。

再见了珍贵的朋友，祝您在巴黎和柏林玩得愉快。阿列克西斯得到了假期吗？代我吻他。再见。全部属于您的

米·莱蒙托夫

又及：请来信，并请您告诉我，是否喜欢那种鞋。

莱蒙托夫的画——《五峰城》

我在这里需要生活费用

致伊·阿·阿尔谢尼耶娃

五峰城，1837 年 7 月 18 日

亲爱的姥姥，

我现在给您写的这封信将随驿车寄出，因为前天没有赶上特快邮递。这事都怪我，当时我去洗矿泉浴了，完全忘记那里不通邮；错过一班邮车，没有寄信，怕您为我担忧。罗森①男爵让我编入的那个团的骑兵连驻扎在阿纳坡，在黑海边上，将参加迎接皇帝的仪式。韦利亚米诺夫②的队伍恰好在那里，因此，我从矿泉水地区就不去格鲁吉亚了。总之，亲爱的姥姥，请您继续把信寄给帕维尔·伊万诺维奇·彼得罗夫③，希望您给他也写信——他答应把信转到我那里；没

---

① 格里戈里·弗拉基米罗维奇·罗森男爵，高加索独立军指挥官。

② 韦利亚米诺夫（1785—1838），高加索边界线与黑海军司令。

③ 帕维尔·伊万诺维奇·彼得罗夫（1790—1871），莱蒙托夫外祖母的外甥女婿，少将，高加索边界线与黑海军参谋长。

有别的办法，因为从那里到这里交通极其不便，不通邮，汇款只能和急件信差一起寄。我收到阿列克谢·阿尔卡季耶维奇[1]的信息，他身体健康，有几位从他那里来的军官对我说，他可称得上是派到高加索来的禁卫军中最优秀的军官了。您来信中关于格沃兹杰夫的事，我并不感到十分惊讶；临走时我曾经对他预言过，他将在我的连里当士官；其实我挺惋惜他的。——这里的天气太坏了：雨、风、雾；七月的天气比圣彼得堡的九月还坏，所以晴天到来之前，我不再洗矿泉澡，也不再饮矿泉水了。其实，我估计也没有这个必要了，因为身体棒得无法再棒了。——为了去连队，我必须购买不少东西，至于我的什物，我打算留在帕维尔·伊万诺维奇处。亲爱的姥姥，请给我寄些钱来；我在这里需要生活费用，如果您寄晚了，就很难转到阿纳坡去了。——再见，亲爱的姥姥，吻您的纤手，请求您的祝福，永远热爱您、听您话的外孙

米哈伊尔

您最不用为我操心，上帝保佑，我们很快就会见面。

---

[1] 阿列克谢·阿尔卡季耶维奇，即"蒙戈"，莱蒙托夫的表舅。

95

我已经变成一个可怕的流浪汉

致斯·阿·拉耶夫斯基 [①]

第比利斯，1837 年 11 月下半月或 12 月上半月

可爱的朋友斯维亚托斯拉夫!

我估计：或者我的两封信邮递时遗失了，或者你写给我的信还没有寄到，因为到了此地以后，我只从姥姥的来信中知道你的一些情况。

[①] 沙皇尼古拉一世于 1837 年 10 月 10 日在梯弗里斯检阅了龙骑兵团四个骑兵连，认为状态良好。这件事间接地改变了莱蒙托夫的命运。当时陪同沙皇的本肯多夫伯爵是莱蒙托夫外祖母的老相识。那几年他还愿意为青年诗人莱蒙托夫说几句好话。他利用一次机会向沙皇为莱蒙托夫求情，并说茹科夫斯基很器重莱蒙托夫的才华。经过本肯多夫的努力，沙皇于次日下令将龙骑兵团莱蒙托夫准尉调往格罗德诺骠骑兵团任少尉。格罗德诺骠骑兵团当时驻扎在诺夫哥罗德郊外。莱蒙托夫前往新的团部时，中途在斯塔夫罗波尔停留了几天。在该地他与一位亲戚彼得罗夫接近起来，还认识了几位十二月党人诗人。1837 年年底莱蒙托夫离开高加索北上。他得到允许可以回圣彼得堡探望外祖母。他在圣彼得堡从 1838 年 1 月初住到 2 月 16 日。

我终于被调回禁卫军了，不过是在格罗德诺团，如果不因为姥姥，说句良心话，我倒愿意留在此地，因为军屯未必比格鲁吉亚愉快。

　　自从离开俄罗斯以后，你能相信吗，直到今天我一直四处漫游，有时乘驿车，有时骑马；我顺着边界线都走遍了，从基兹利亚尔到塔曼，翻过山去以后，到过舒沙、库巴、舍马哈、卡赫季亚，身穿契尔克斯族服装，背着火枪；在旷野上过夜，伴着豺狼的嗥声入睡，吃过丘列克饼，甚至喝过卡赫季亚酒……

　　路上感冒了，到矿泉水区时，全身患了风湿症；人们把我从车上抬下来，我无法迈步——经过一个月矿泉水治疗，全都好了；我从来没有像现在这样健壮，但我过的是很有规律的生活；只有夜间在山里某地冻僵时，或回到住地需要暖身时，我才喝葡萄酒……此地除了打仗以外没有其他公务；我来到队伍的时间太晚了，皇帝最近不准举行第二次讨伐，我只听见两三次枪声；不过我在旅途中开枪保护过自己；有一次夜间从库巴出发，我们一共三个人：我，我们团里的一名军官，还有一个契尔克斯人（当然是一般老百姓），——我们几乎落到列兹金匪徒手里。——当地好小伙子多得很，特别是在梯弗里斯，那里有非常正派的人；此地最大的享受就是洗鞑靼浴！——凡是到过的名胜风景地，我都匆匆忙忙地画了下来，所以随身带的东西数量相当可观；总而言之我游历了一番。当我翻过山岭进入格鲁吉亚时，立刻甩掉了车辆，自己骑马走了；我曾攀过雪山（十字山），一直爬到山顶，这可不是那么容易；从山顶上可以看见格鲁吉亚半壁江山如在一个小托盘上，说真的，我不打算揭示也不准备描绘当时那种惊异的感受，山上的空气对我来说如同万灵药；让忧郁见鬼去吧，心在跳，胸襟开阔——这一瞬间什么也不需要，就这么坐着，观赏一辈子。

我开始学鞑靼语了，这种语言在此地，以至在亚洲，必须掌握，如同在欧洲必须掌握法语一样——遗憾的是我现在学不成了，其实它以后对我会有用的。我已经制定了去麦加的计划，还有去波斯等地，现在只剩下申请随同佩罗夫斯基① 去希瓦参加讨伐。

你从这些情况中可以看出，我已经变成一个可怕的流浪汉，说实在的，我蛮喜欢这种生活。如果你想给我写回信，

—————————

① 佩罗夫斯基将军(1794—1857)率军讨伐希瓦战役是在1839—1840年进行的。讨伐失败。

就把信寄往圣彼得堡。不过，别寄到皇村去。到新的团里去真没意思，我已经不适应火线生活了，我正在认真地考虑退伍的问题。

再见，可爱的朋友，不要忘记我，请你相信，你为我而受难——这是我最大的痛苦。

永远忠实于你的

米·莱蒙托夫

莱蒙托夫的画——《十字山》

美好回忆的笔握在手中

致帕·伊·彼得罗夫 [①]

圣彼得堡，1838 年 2 月 1 日

亲爱的表姨父帕维尔·伊万诺维奇，

经过长途跋涉和在莫斯科大事蹦蹦跳跳之后，我终于来到了圣彼得堡。我首先感谢万能的主，然后我铺开了歇息的地毯，吸起带来快感的长烟袋，并把表达感谢和做美好回忆的笔握在手中。我一归来，姥姥就恢复了健康，她希望过一段时间我又能被调回御前骠骑兵团任职；现我正在这儿为自己置备服装；但是很快我就要到伟大的诺夫哥罗德去，到可怕的诺夫哥罗德去做一次愉快的旅行。

我在莫斯科找到了阿法纳西·阿列克谢耶维奇舅舅，把您的信交到他手中了。——我能在你面前夸耀自己办事认真，为此而感到喜出望外，因为您多次看到我讨厌的品质或是缺

[①] 这封信上还附有莱蒙托夫的外祖母及玛丽亚·阿基莫夫娜·山吉列伊写给彼得罗夫的信。

陷，反正怎么说都可以。

我担心这封信寄到斯塔夫罗波尔时，您已经不在该地了，但我不知道应当往莫斯科什么地方给您寄，所以便大胆地发了，但愿伟大的神灵能指引邮差的步伐。

衷心感谢您对我这个轻浮的少年的多方操心，随信寄上您借给我的二千零五十卢布。

敬爱的表姨父，请转告亲爱的表妹们，说我亲吻她们的纤手，并请大家不要忘记我。

整个身心忠于您的

米·莱蒙托夫

为洛普欣娜的孩子祈祷

致玛·亚·洛普欣娜 [①]

1838 年 2 月 15 日

亲爱的好友，我去诺夫哥罗德之前，给您写这封信。我一直盼望自己能发生一件什么好事，以便向您禀报；但这类事没有发生，于是我决定给您写信，说我无聊得要死。回来后，最初几天是在不断地奔忙中度过的：抛头露面、礼仪性的拜访——这些您都会知道；此外每天还去看戏，戏蛮好，这是事实，但我已经看腻了。再加上我那些可爱的亲戚们都盯着我！他们不希望我退伍，虽然这事我能做得到：因为与我同时参加禁卫军的诸君，现在都已经不在那里任职了。最后，我的情绪一落千丈，甚至想尽快离开圣彼得堡，无论到什么地方去都可以，去团部或者去"见鬼"都行；到那时总

---

① 这封信是用法文写的。信中提到的两处通信地址和抄录的诗《祈祷》是用俄文写的。《祈祷》引用顾蕴璞中译文。

102

还有个借口发发牢骚，发牢骚这种乐趣不亚于其他任何事。

您总是盼望我去信，可自己却不愿意给我回信；还以为您自高自大不理人了。至于阿列克西斯嘛，这事并不奇怪，据此地人说，前不久他娶了一位富贾之女。因此我就没有指望在他心里像这位批发商的胖女儿那样，占据一席之地，这是可以理解的。他曾答应在我离开莫斯科之后，这两天就给我写信；也许他忘记了我的地址，现在开出两个地址如下：

1. 寄往圣彼得堡，喷泉路，潘捷列伊莫诺夫桥，夏花园对面，韦涅茨卡娅宅收。

2. 寄往诺夫哥罗德省军屯第一军区，交禁卫军格罗德诺骠骑兵团收。

如果在这之后他仍然不给我写信，我就骂他和他那位批发商的肥胖千金：我已经为一篇诅咒文措辞起草了。天哪！结交一些准备结婚的朋友，就是倒霉。

到了这里以后，我在家中发现乱糟糟的一大堆流言蜚语。我尽自己的可能作了一番整顿，因为和三四位女性打交道，对她们怎么解释也是白费力。请原谅我如此谈论你们女性。可惜呀！不过，我既然把这事对您讲了，就说明我没把您看成是外人。当我回到家里时，我听到的事没完没了，诉苦、责备、怀疑和议论；这简直令人无法忍受，特别是像我这样的人，因为我在高加索已经和这类事情不搭界了，那里和妇女社交是难得的，她们很少说话（尤其是格鲁吉亚妇女，她们不会讲俄语，而我又不会讲格鲁吉亚语）。

亲爱的玛丽亚，我请求您给我写几句话，牺牲一点自己的精力，永远给我写信吧，不必拘泥于礼节——您应当超越礼节。倘若有时我拖延了回信，说明我无事可写，若不然就是我工作太多——两种理由都是正当的。

我去见过茹科夫斯基，根据他的要求我把《坦波夫的司库夫人》①给他送去了；他把这篇作品带到维亚泽姆斯基②处，目的是二人一起读；他们非常欣赏这篇作品。它将在最近一期《同时代人》上发表。

外祖母以为我很快就会被调到皇村骠骑兵队去，天知道是谁根据什么给了她这么一个希望；因此她不同意我退伍；至于我嘛，我对一切都不抱希望了。

结束这封信时，给您寄上我的一首诗，我是在旅途文件

---

① 《坦波夫的司库夫人》是一部诗体中篇小说。1838 年第 11 期《同时代人》杂志上刊出。

② 彼得·安德列耶维奇·维亚泽姆斯基（1792—1878），诗人，茹科夫斯基和普希金的好友。

中偶然发现的，这首诗我比较喜欢，因为我把它完全遗忘了——不过，这不能说明任何问题。

祈　祷

圣母啊，我如今向你祈祷，
对着你的圣容和你的光轮，
不求你拯救，不为战事祝祷，
不向你忏悔，也不对你谢恩。

我祈祷，更不为我，这空寂的灵魂，
不为我这个漂零者的受苦的心；
我要把一个纯真无邪的少女，
交给冷漠尘世中热情的保护人。

请把幸福赐给受之无愧的心，
让体贴入微的人们伴她终生，
让她那善良的心灵有所希冀，
享受青春的光辉和暮年的宁静。

待到辞别尘世的时刻来临，

无论是沉寂的夜晚或喧闹的清晨——

求你派一名最最圣洁的天使，

到病榻前接引她那美好的灵魂。

再见了，亲爱的好友，代我吻阿列克西斯，并转告他，说他真不知羞；请把这话也转告给瓦·亚·洛普欣娜。

米·莱尔玛

莱蒙托夫的画——《从峡谷附近看十字山》

你看，各有各的不幸

致斯·阿·拉耶夫斯基[1]

1838 年 6 月 8 日

可爱的朋友斯维亚托斯拉夫，

你最近的一封信使我不胜伤心：你自己知道其中原因。不过我真心实意地原谅你，知道你神经不正常。说我拿你的安宁生活开心，或者说我讲了一些不三不四的话以便摆脱纠缠，你怎么能这么想。问题的关键在于我根本没有讲过这类的话，如果讲了，那么讲的并非此事。你在押期间，我曾说过：抗上——这种反应会使你倒霉，倘若不这样，你也许会留在此地。

---

[1] 这封信的第一段中所谈的事不详，因为拉耶夫斯基写给莱蒙托夫的信没有保存下来。斯·阿·拉耶夫斯基因为传播莱蒙托夫的《诗人之死》一诗惹怒了当权者，根据沙皇的命令他于 1837 年 4 月 5 日离开圣彼得堡去了奥洛涅茨省，在彼得罗扎沃茨克担任省长特殊使命执行官，这在当时的俄国也属于流放生活。1838 年 5 月 25 日他得到允许回圣彼得堡度假并可去爱斯特兰海滨休养；1838 年 12 月 7 日被赦免。

我在此地听说你申请去矿泉水区去，还说申请已呈递军事部大臣了；我不知道批示情况，如果你能去，那么请写信告诉我，你去的地方和时间。我在此地像过去一样感到寂寞；怎么办？安静的生活对我来说更无聊。我说安静的生活，因为训练和演习只能使人感觉到疲劳。作品不写了，要发表太难，我试过，未成。

我和你着手写的长篇小说 [①] 拖下来了，未必还能写得出来，因为作为作品基础的情节发生了变化，而我，你知道，在这种情况是不能违背真实的。

如果你能去高加索，我相信，这对你的身体对你的精神都大有好处：你回去时会成为一名诗人而不是一名经济政治幻想家，这对心灵和事业都有益无害。我不知道你们那里的情形，自从我离开高加索后，处处都觉得冷，可是别人却感到热，至于我的身体嘛，大概不可能比现在更健壮了。关于尤里耶夫 [②]，我告诉你：你设想一下，他爱上了一位女伶，退了伍，住在巴拉宾，人家已经不赊给他烟和茶了，欠账

① 指《李戈甫斯科伊公爵夫人》。

② 尼古拉·米特里耶维奇·尤里耶夫，莱蒙托夫的亲属，他们在禁卫军骑兵士官学校同学。1834 年 11 月 22 日提升为禁卫军龙骑兵团准尉，1838 年 1 月 30 日以上尉军衔退伍。

三万，又不准他离开城市——你看：各有各的不幸。

再见了，可爱的朋友，我请求你要相信我，并且记住，我永远不会讲一句伤害你的话，也不会做一件这类的事。再见，亲爱的朋友，我外祖母也在给你写信。

米·莱蒙托夫

我闯入了高贵的上流社会

致玛·亚·洛普欣娜 [①]

1838 年末

我好久没有给您写信了，亲爱的珍贵的朋友，您也没有给我来信谈谈您自己和府上各位情况，因此我相信您对此信的回信不会让我久等。您会说：您的话过于自信了，您会失望的。我知道，您深知自己的信会给我带来莫大的愉快，所以您便利用沉默这种办法，作为一种手段来惩罚我；不过我不应该受到这种惩罚，因为我无时无刻不在思念您。请看旁证：我申请半年假期——被拒绝了，二十八天——还是被拒绝了，十四天——被大公拒绝了。这期间我一直盼望能跟您见面。我会再次努力——但愿上帝保佑一切顺利。应当告诉您，我是最不幸的人；当您得知我天天出席舞会时，您就会相信我了。我闯入了高贵的上流社会。有一个月时间我成了时髦人物，大家抢着跟我说话。这事起码讲得直截了当。我

---

① 这封信是用法文写的。

在自己的诗中曾经挖苦过的众生,都竭力对我讲些溢美之词。最惹人喜欢的妇女们向我索要诗作,并拿着那些诗当成一种胜利品到处炫耀。即使如此,我还是感到寂寞。我申请去高加索——遭到拒绝,他们甚至不希望我被杀死。亲爱的好友,您也许觉得我的这些牢骚不够真诚;您也许以为我为消除无聊而追求享受便垂涎各家客厅,明知那里毫无趣味而感到奇怪。喏,让我公开自己的动机吧。您知道,我最大的缺陷是虚荣心和自尊感。有一段时间,我作为一个新手,寻找机会钻入这个社会;我没能找到:通向贵族沙龙的大门为我关闭了。如今,我出入同一社会已不作为一个追求者,而作为一个已经获得自己这种权利的人。我激起了别人的好奇心,人们在我面前阿谀献媚;到处有人邀请我,而我甚至不表示对此有何兴趣;有些贵夫人希望她们的沙龙里有著名人士出席,她们盼望我也能经常光临,因为我也是一头狮子呀,是啊! 我,您的米舍尔①,可爱的小老弟,您甚至没有想到他颈上也长出鬃毛了。您应当同意,这一切能够使人陶醉;所幸,我天生的懒惰占了上风,我逐渐发现这一切令人生厌。这一新经验对我有益,它给了我一把武器来对付上流社会:如果上流社会用诽谤来迫害我(这事一定会发生),我就有

━━━━━━━━━

① 米舍尔,是莱蒙托夫的名字“米哈伊尔”的爱称。

办法报复；没有一个地方能比那里有更多的低级下流和可嘲可笑的东西。我相信，您不会把我这套自吹自擂的话转告任何一个人，也许您会说我比别人更可笑；我对您谈话就像对自己的良心谈话一样，再说，暗地里把那些混蛋们所极力追求的事物，和对其如此羡慕的东西嘲弄一番，也是一桩蛮惬意的事——因为您是我永远愿意讲出自己感受的人。我的亲爱的朋友，我再重复一遍，我指的是您，因为我的宏篇啰嗦有些含糊不清。

您会给我来信，是不？您一定因为有更重要的原因，所以没有给我写信。您不会是病了吧？家人有谁欠安？这正是我所担心的事。有人对我讲过类似的话。我下周等您的回信，我相信它不比我的信短，而且写得一定比我更好。我担心我糊涂乱抹的字迹让您看不懂。

再见了，亲爱的朋友；如果上帝大发慈悲，也许能赏给我获得半年的假期，到那时我将刨根问底一定要得到回答，不管这个回答是什么样的。

请代我向所有还没忘记我的人鞠躬致敬。

全部属于您的米·莱蒙托夫

莱蒙托夫

将您的爱犬蒙戈借我一用

致安·帕·舒瓦洛夫 [①]

1838 年春至 1840 年春

尊敬的伯爵，

恳求您满足我的愿望：将您的爱犬蒙戈借我一用，以便使这一品种能够传宗接代，我曾经借用过它。

您会让我感激不尽。

忠于您的

莱蒙托夫

[①] 这封信是用法文写的。写信的日期是俄罗斯学者根据二人相处的时间推算出来的。安德烈·帕夫罗维奇·舒瓦洛夫（1816—1876）曾在禁卫军骠骑兵团任职。他是"十六人小组"成员之一。小组的成员们是一些对政府持反对立场的贵族青年，1839 年间经常在圣彼得堡聚会。

玩弄文字的人，
不一定永远玩弄感情

致阿·亚·洛普欣^①

圣彼得堡，1839年2月末或3月前半月

亲爱的阿列克西斯，

我病了，所以久久没有给你回信，也没有向你表示祝贺，但你要相信我，我真心实意地为你的幸福高兴，并祝贺你和你的可爱的夫人^②。你大概找到了那条狭窄的小路，而我从那条小路上跳了过去，并远远地走开了。你走到了目的地，而我永远也走不到：我会蹲在某一个坑里，谁记得我谁就

---

① 莱蒙托夫在莫斯科时和洛普欣全家人来往甚密。他与阿列克谢·洛普欣是少年时代的朋友；他把比自己大十一岁的玛丽亚看成是亲人，对她无话不谈，毫不回避与隐瞒；他与瓦尔瓦拉·洛普欣娜相恋多年，终生未忘。

② 阿·洛普欣于1838年与瓦尔瓦拉·亚历山德罗夫娜·奥博连斯卡娅（1820—1873）公爵小姐结婚，1839年2月13日得子，莱蒙托夫为新生婴儿写了《我要用这迟献的篇章……》一诗。

115

去想我吧，也许未必会想我！我这个人想一下子品尝所有人的盘中的食物，我不但没有吃饱，反而还得靠人赡养，更不幸的是这种赡养需要用诗来偿还。顺便讲一下诗：我答应过你，现在兑现，为令郎写了一首非常有教育意义（适合于儿童①）的诗②：

我要用这篇迟献的诗章

道贺可爱的婴儿降生到世上。

愿所有天使齐把他保佑，

无论他们属于人间或天堂！

愿他无愧于他的父亲，

美丽可爱跟他的母亲相像；

愿他的灵魂能得到安宁，

维护真理如司智天使一样！

愿他不要过早地去体尝

爱的痛苦和对名的贪得无厌；

愿他心平气和地去看待

虚假的出众以及虚假的声望；

---

① 信中这句话是用法文写的。

② 引诗为顾蕴璞所译。

愿他不要去寻思为什么

会有别人的苦痛和自己的欢畅，

愿他从尘世的泥潭拔出时

依然能心地洁白，灵魂无恙！

我希望这首诗中的主题不是坏的。^①

可惜呀！歪诗比正诗好！反正都一样！如果歪诗是从空洞的脑袋里冒出来的，那么正诗则是从心底里涌上来的。玩弄文字的人，不一定永远玩弄感情，所以你可以相信，亲爱的阿列克西斯，我是如此为你高兴，以至于明天就开始为你的号哭的宝宝写新的咏叹调。

亲爱的朋友，请来信告诉我，你们现在在干什么；冬季时我三次请求准假到莫斯科去看你们，哪怕是十四天呢——就是不批准！老兄，怎么办呀！不如退伍，但我姥姥又不愿意——为了她我总得有所牺牲。我向你坦白，从某个时候起我的心情极坏……

---

① 信中这句话是用法文写的。

玛·亚·洛普欣娜

凶手漠然地瞄准他放枪

致亚·伊·屠格涅夫 [1]

圣彼得堡，1839年12月后半月

呈亚历山大·伊万诺维奇·屠格涅夫大人阁下。

尊敬的亚历山大·伊万诺维奇阁下！

兹寄上您昨天谈及为某种需要的那一诗段，请大人赐阅：

"凶手漠然地瞄准他放枪……

---

[1] 亚历山大·伊万诺维奇·屠格涅夫（1784—1845），19世纪前半叶非常有教养的、热心肠的乐于助人的活动家。他是茹科夫斯基和普希金的朋友。莱蒙托夫写这封信的起因是：屠格涅夫在一个晚会上遇见法国公使。公使向屠格涅夫了解莱蒙托夫的《诗人之死》一诗中，作者是辱骂所有法国人，还是只骂杀害普希金的那一个法国人。屠格涅夫为掌握确切情况便向莱蒙托夫索要该诗的有关诗段。于是，莱蒙托夫写了这封信，并附上屠格涅夫所需要的诗段。当屠格涅夫三天后再见到公使时，公使说，此事已得到解决。屠格涅夫未再作解释。莱蒙托夫抄录的诗段，有个别字与原作稍有出入。

此刻连搭救都没有希望：

那空虚的心平静地跳着，

他手中的枪竟没有抖颤。

这真是怪事！……命运把他

从远方抛到我们的祖邦，

让他来猎取高官厚禄，

如同千百个逃亡者那样。

他常放肆地蔑视和嘲笑

这个异国的语言和风尚。

他哪能珍惜我们的荣耀？

他怎知在这血腥的一瞬

对准了谁举起手放枪？……" ①

永远忠于您和感谢您的

莱蒙托夫

_____

① 引诗为顾蕴璞所译。

120

一个要命的新闻

致康·普·奥波奇宁 [①]

圣彼得堡或皇村，1840 年 1 月或 3 月初

啊！亲爱的心爱的奥波奇宁 [②] 先生！昨晚我从您处归来时，有人通知我一个要命的新闻，让我采取一切预防措施。当您读这便笺时，我已经不在……（请看下页）圣彼得堡了。因为我去上岗。于此（这是《圣经》的文风，也是幼稚的文风），请相信我遗憾之情，我不能前去与您会面。

整个属于您的莱蒙托夫

---

① 这封信是用法文写的。有人认为这封信通篇是在开玩笑。

② 康斯坦丁·普多罗维奇·奥波奇宁（1808—1848），禁卫军骑兵团上尉。他和莱蒙托夫关系较好，在圣彼得堡供职期间，二人常一起下棋。

莱蒙托夫的画——《第比利斯》

维护荣誉之举在俄国

致尼·费·普劳京①

1840年3月初

至尊大人阁下！

　　大人令属下解释与巴朗特②决斗之情况，谨报告如下：2月16日，巴朗特先生于拉瓦尔伯爵夫人寓中举行之舞会上逼余解释似乎属于余之话。余答：所传之话均不属实，然而彼对此解释不满足。于是余补充说：不拟再做进一步解释。对其有刺之回答，我以同样有刺之话驳之，于是彼称倘若此事发生在其祖国，彼知应如何处之。余说，维护荣誉之举在

---

① 据俄罗斯学者研究，莱蒙托夫与法国公使的儿子埃内斯特·德·巴朗特的决斗是由尼古拉一世的公主玛丽亚·尼古拉耶夫娜身边的人们唆使的。1840年迎新舞会上莱蒙托夫的讽刺短诗和《元旦》一诗曾把玛丽亚公主激怒。尼古拉·费多罗维奇·普劳京（1794—1866），是莱蒙托夫的顶头上司，禁卫军龙骑兵团指挥官。

② 巴朗特是法国侨民，娶俄国御前大臣科济茨基的幼女为妻。

俄国，如在其他各地一样，亦为严厉，吾国人比他人更不允许别人污辱而不予惩罚。彼向余提出决斗，吾等谈定后便分手。18日，星期日，上午12时，吾等相会于帕尔戈洛夫道旁黑河边。彼之决斗证人系一法国人[①]。余不记其姓名，此前也未曾谋面。巴朗特先生认为自己乃受害者，余便请彼选择武器。彼选长剑，其实吾等皆随身带有手枪。吾等刚一交锋，余之剑头即折，彼轻伤余之胸部。于是吾等改用手枪。吾等本应同时开枪，然而余稍缓之。彼未击中，余则向旁一击。此后，彼伸手与余，吾等随即散去。

阁下，此即吾等争执之详细汇报。

始终忠于阁下

忠仆米哈伊尔·莱蒙托夫

---

① 巴朗特的决斗证人是劳尔·德·安格列斯伯爵。莱蒙托夫在此信中有意不提他的姓名，不愿意给他人招来麻烦，同样他也没有提自己的决斗证人阿·阿·斯托雷平（蒙戈）。

我目前的处境完全不取决于我

致谢·亚·索博列夫斯基[1]

圣彼得堡，1840年3月中

亲爱的索博列夫斯基[2]，今天我不能赴邀，不能参与聚会，不能品尝烤牛肉，为此感到万分遗憾。我相信，我的缺席会得到您的谅解，我目前的处境完全不取决于我。

整个属于您的莱蒙托夫

---

[1] 这封信是用法文写的。

[2] 谢尔盖·亚历山德罗维奇·索博列夫斯基（1803—1870），莱蒙托夫的好友。1837年6月从国外回来，在圣彼得堡与人合股开办了一家棉纺厂。索博列夫斯基藏书颇丰，常供朋友们使用。

Н.С.马尔丁诺夫(决斗枪杀莱蒙托夫)

我在禁闭中

致谢·亚·索博列夫斯基 [①]

圣彼得堡，1840 年 3 月末或 4 月中旬

　　亲爱的索博列夫斯基先生，请将《在菩提树下》[②]交车夫捎来。再有，你有空时请亲自来一下。我在禁闭中，在楼上一个特殊房间里；但要取得负责操练场的少校的同意。

你的莱蒙托夫

---

① 这封信是莱蒙托夫被交给军事法庭待审期间在关押中写的。

② 《在菩提树下》，是法国作家阿尔丰斯·卡拉（1808—1890）的长篇小说。

您的心完全可以理解我

致阿·伊·菲洛索福夫^①

圣彼得堡，1840年4月中旬

敬爱的姨夫^②，

斗胆请求您为我办一件事，这事只有您一人能胜任，我相信您不会不保护我的。外祖母病得很厉害，甚至无法写信把病情告诉我；仆人来接我，以为我已获释。我要求卫戍司令^③允许我外出几个小时，以便去探望外祖母，我给将军也

---

① 这封信是用法文写的，写于他与巴朗特决斗事件处理之后。阿列克谢·伊拉里奥诺维奇·菲洛索福夫（1800—1874），米哈伊尔·帕夫洛维奇大公的副官，1838年获将军衔，是沙皇尼古拉一世几个儿子的教师。他的夫人是莱蒙托夫外祖母的侄女安娜·格里戈里耶夫娜·斯托雷平娜。菲洛索福夫很器重莱蒙托夫，曾利用自己与皇室的关系，多次为莱蒙托夫不当之行为求情。

② 菲洛索福夫的夫人虽然比莱蒙托夫小一岁，但她是他的表姨，所以莱蒙托夫称菲洛索福夫为"姨夫"。

③ 卫戍司令，指格里格里·安德烈耶维奇·扎哈热夫斯基（1795—1846）。

写过报告，但是这事由殿下负责处理^①，所以他们都束手无策。

您即使不可怜我，也得可怜我外祖母，所以求您为我请一天假，否则时间不容人。

我无须向您表示自己对您的感激，也无须倾诉我内心的痛苦，因为您的心完全可以理解我。

全身心忠于您的

米·莱蒙托夫

莱蒙托夫的画——《第比利斯山》

① 为处理莱蒙托夫决斗事件而成立的军事委员会，受禁卫军兵团大公领导，所以莱蒙托夫信中说"这事由殿下负责处理"。

决斗中向空中开枪一事

致米哈伊尔·帕夫洛维奇大公 [①]

圣彼得堡，1840 年 4 月 20 日—27 日

亲王殿下！

余愿承担罪过之全责，并心悦诚服接受陛下之惩治，一直希望能以勤奋服役，弥补酿成之过失，然而受命谒见本肯道夫 [②] 伯爵将军先生时，从将军话中得知余尚负有提供伪证

---

① 这封信的一份草稿保存在圣彼得堡国立图书馆手稿收藏库中，行文略有改动，但中心思想未变。米哈伊尔大公（1798—1849），沙皇尼古拉一世的弟弟。他从十八岁起就在部队中任职，曾担任过第一禁卫军炮兵旅和整个炮兵的行政长官，后来任工程部队总监和军事学校总长。

② 亚历山大·赫里斯托福罗维奇·本肯道夫（1783—1844），宪兵总长和第三厅总长，是沙皇尼古拉一世的心腹。莱蒙托夫的外祖母与本肯道夫相识，1837—1838 年间她多次利用这种关系为外孙活动。但自 1840 年春天起他明显地对莱蒙托夫家族表示冷淡。莱蒙托夫与巴朗特决斗一事，是皇帝处置的案件。本肯道夫认为惩罚过轻。莱蒙托夫已被贬到田金步兵团后，本肯道夫召见莱蒙托夫，令他写信向巴朗特道歉，并承认自己在法庭上提供的是伪证。莱蒙托夫知道米哈伊尔大公深崇军人的荣誉，便上书大公请求庇护。本肯道夫的要求最后确实被撤销。

之罪名，此乃珍视荣誉者所能蒙受之最大污辱。本肯道夫伯爵建议余致书巴朗特，向其道歉，承认法庭上余提供之证词，即向空中开枪一事，不属实。对此余无法同意，盖此举违背余之良心；然而如今念及皇帝陛下与殿下您均怀疑余话之真实性，此事如此令人难以忍受，故决心呈禀殿下，深知殿下一向以宽宏为怀，以正义为本，又不止一次受您恩泽庇护 ①；故祈求殿下保护，并在皇帝陛下面前证实余无罪，否则余将无辜地并永远地丧失一名高尚人之名誉。

殿下，请准予余直诉：余之证词伤及巴朗特，对此余实感遗憾，然而此非余之预料，亦非余之本意；如今不能以谎言纠正此错；余尚未堕落到如此可鄙地步。余称射向空中，此乃实情，随时准备以实言证之，余之决斗证人退伍准尉斯托雷平于决斗时身在现场，他将手枪递余时，余曾对其说：余将射向空中，他本人对此亦可予以证明。

余深知此举十足大胆，然而仍敢于期望殿下关注余之可悲境遇，而殿下之庇护将能恢复余在皇帝陛下印象中之名誉。

尽忠尽职于殿下之田金步兵团少尉

米哈伊尔·莱蒙托夫谨呈

---

① 莱蒙托夫几次与布尔加科夫惹祸。布尔加科夫向米哈伊尔大公求情，均得到宽恕。此句即指宽恕之事。

陪您跳一场玛祖卡舞

致亚·亚·瓦德科夫斯卡娅[①]

莫斯科，1840 年 5 月

感谢您把寓所地址告诉了我，您的寓所对我永远珍贵，同时请求我的亲爱的表妹不要忘记我，并给我保留陪您跳一场玛祖卡舞的机会。

忠于您的

莱蒙托夫

---

① 这封信是用法文写的。莱蒙托夫途经莫斯科前往高加索时写了这个便笺。亚历山德拉·亚历山德罗夫娜·瓦德科夫斯卡娅（1817—1884），特级公爵亚历山大·谢尔盖耶维奇·缅希科夫的女儿。莱蒙托夫1833 年 6 月 19 日的信中曾提到她的丈夫——伊万·雅科夫列维奇·瓦德科夫斯基（参见第 13 封信注）。

莱蒙托夫家族的徽章以"我的命运是耶稣"为主题

去车臣捉神意代言人

致阿·亚·洛普欣 [①]

斯塔夫罗波尔，1840 年 6 月 17 日

啊，亲爱的阿列克西斯！

明天我到左翼阵地的作战部队去，去车臣捉拿神意代言人沙米利 [②]，我深信我抓不到他，倘若能抓拿到手，就想办法用邮件给你寄去。这位神意代言人可真鬼。请你把他从阿斯佩林德山上推下去。车臣人没有见过印度公鸡，说不定公鸡会把他吓坏了。我到斯塔夫罗波尔已经有一个星期了，和

[①] 莱蒙托夫于 1840 年 6 月 10 日来到斯塔夫罗波尔，下榻于高加索防线总司令部。他被派到防线左翼阵地加拉贲耶夫将军的部队任职。这封信就是在那里写的。

[②] 沙米利（1798？—1871），领导达吉斯坦和车臣山民争取独立的领袖，1839 年曾被沙皇将军击败，但不到一年的工夫，他又重整溃军，扩大队伍。1840 年再次为俄军所败。

兰别尔特伯爵 ① 住在一起，他也是参加讨伐的，他心里总想着祖博娃伯爵夫人 ②，想得唉声叹气，请你把这事禀报于她。我们二人叹得小肠充满过多的气，因而常常发出种种令人厌恶的声响……这儿天气热得使我软弱无力，我勉强能握住笔。中途我到契尔卡斯克去看望了霍穆托夫将军 ③，在他家住了三天，天天去戏院。这是怎样的戏院呀！关于戏院值得讲一番：你眼睛望着舞台——可是什么也看不见，因为鼻子前摆着脂制蜡烛，熏得两眼直冒金花；回头往后看——什么也看不见，因为漆黑一片；往右看——什么也看不见，因为没有任何东西；往左看——看见警察局长坐在包厢里；乐队由四名单簧管手、两名低音提琴手和一名小提琴手组成，乐队指挥本人拉小提琴。引人注目的是这位乐队指挥耳聋，应当开始或结束演奏时，第一单簧管手便扯一下他的燕尾服后襟，低音提琴手用弓子在他肩上敲打拍子。有一次，出于个人恩

---

① 卡尔·卡尔洛维奇·兰别尔特伯爵（1815—1865），中尉，是加拉费耶夫将军手下的人。1840 年 7 月 11 日他与莱蒙托夫一起参加过瓦列里克河战役。晚年成为俄国国家议会的成员。

② 叶卡捷琳娜·亚历山德罗夫娜·祖博娃（1811—1843），洛普欣的小姨子。

③ 米哈伊尔·格里戈里耶维奇·霍穆托夫（1795—1864），曾任禁卫军骠骑兵团团长，莱蒙托夫的上司。

怨，他用弓子猛力敲打了他，使指挥转身想用小提琴揍他，但就在这时，单簧管演奏员扯了一下他的后襟，指挥仰面朝天倒了下去，脑袋正好撞在大鼓上，擦破了皮；但他一气之下，跳了起来，想继续厮打。结果呢，啊，上帝呀！他头上顶着大鼓代替了高筒军帽。观众欣喜若狂，大幕落下，乐队被打发到拘留所去了。我一直想知道这一闹剧的继续，结果会是如何呢？——情况就是如此啊，我的亲爱的阿廖沙！——不过，在斯塔夫罗波尔就享受不到这一类令人开心的事；但天气热得要命。我估计这封信你会在索科利尼基收到。好了，再见吧，我太累了，全身无力。代我亲吻瓦尔瓦拉·亚历山德罗夫娜的纤手并请你放心。我太累了……太热……嗬！

莱蒙托夫

叶卡捷琳娜·亚历山德罗夫娜·祖博娃

去何处连我自己也不知道

致阿·亚·洛普欣

五峰城，1840 年 9 月 12 日

我的亲爱的阿廖沙，

我相信你已经收到了我从车臣作战部队写给你的几封信，我也相信你没有给我回信，因为我没有见到你的任何书面信息。请你不要懒惰；你想象不出一个人想到朋友们要把他忘掉时，他心里是多么难过。自从我到了高加索，就没有收到任何人的来信，甚至家里也没有消息。也许来信都遗失了，因为我从没有一个固定的住处，总是随部队在山中乱窜。我们天天有战役，有一次还相当激烈，那次持续了六个小时①。我们一共有两千名步兵，对方近六千，总是拼刺刀。

---

① 指 1840 年 7 月 11 日瓦列里克河战役。莱蒙托夫根据这场战役的印象写过一首诗《瓦列里克》，后来改为《我给您写信⋯⋯》。瓦列里克是捷列克河的一条支流，含义是"死亡河"。莱蒙托夫参加了那场战役，表现英勇，部队为他请功——奖以斯坦尼斯拉夫三级勋章，但沙皇尼古拉一世未予批准。拒绝令退回部队时，莱蒙托夫已在决斗中死去。

我方伤亡人数有三十多名军官和近三百名士兵，对方在战场上留下了六百具尸体——看来战绩蛮好！——你设想一下，峡谷中打得热火朝天，战斗结束一个小时之后，还有血腥味道。等到我们见面时，我给你讲些非常有趣的细节——只有上帝知道我们哪年哪月才能见面。如今，我已经几乎痊愈了，现在从矿泉水区又返回车臣，到部队中去。如果你给我写信，地址如下：高加索防线左翼阵地，加拉费耶夫中将作战部队。我在此地住到11月底，然后去何处连我自己也不知道——斯塔夫罗波尔、黑海或者梯弗里斯。我已经尝到了战争的滋味，我相信一个人如果已经习惯于这类下赌注式的强烈刺激，那么对其他事无不觉得甜腻，从中很难再找到什么快感了。这儿枯燥无聊：或热得让人走路很费劲，或冷得让人浑身哆嗦，或是没有吃的，或是一文不名——目前我的情况就是如此。我把钱全部花光了，可是家中又不汇钱来。不知道为什么没有收到外祖母的任何一封信。我不知道她现在何处：在农村还是在圣彼得堡。请你在信中告诉我，你在莫斯科是否见过她。代我吻瓦尔瓦拉·亚历山德罗夫娜的纤手，再见。祝你健康和幸福。

你的莱蒙托夫

莱蒙托夫的画——《高加索地区的回忆》

目前命运对我还不太坏

致阿·亚·洛普欣

格罗兹尼要塞，1840 年 11 月 16 日—26 日

亲爱的阿廖沙，

我现在是在格罗兹尼要塞给你写信，我们，也就是部队，在车臣进行了二十天的讨伐之后，又回到了这里。我不知道今后怎样，但目前命运对我还不太坏：多罗霍夫①负了伤，我接管了他的一支精锐的志愿兵队伍，这支队伍由一百名哥萨克所组成——他们是一群散兵游勇，鞑靼人，等等，类似一支游击队，如果我能够和他们顺利行动，说不定还能得到某种奖励。我在战斗中只指挥了他们四天，还摸不透这些人可靠到什么程度。但，我们的战斗看来还得进行整整一个冬

---

① 鲁芬·伊万诺维奇·多罗霍夫（1801—1852），1812 年卫国战争的英雄伊万·谢苗诺维奇的儿子，长期在部队中任职，因为决斗与闯祸，几次被降为士兵。莱蒙托夫指挥多罗霍夫的队伍只有四五天的时间，即从 10 月 10 日到 15 日。

天，到那时我对他们就一清二楚了。这是我要告诉你的有关我的最有意思的事。

　　大约已经有三个月我既没有收到你的信，也没有收到其他任何人的信。上帝知道，你们都怎么了，莫非把我忘记了？或者把信寄丢了？我再不盼望了。我没有更多的话写给你——没有战役时，我们此地生活千篇一律；可是又禁止写讨伐的情况。你看我这个人多么遵命守法。也许有一天，我会坐在你家壁炉前，向你讲述那无尽的苦难，那夜间的厮杀，那疲惫不堪的火拼，和我亲眼见过的战争生活的种种场面。瓦尔瓦拉·亚历山德罗夫娜听我讲时会用手捂着嘴打哈欠，然后，在我的陈述声中沉入梦乡。老管家会把你唤到另一间屋里去，留下我一个人把故事对你儿子讲完，而他会在我的大腿上拉一泡屎……行行好，给我来信吧，越多越好。再见，祝你和全家老少个个健康，并代我吻你夫人的纤手。

　　　　　　　　　　　　　　　　你的莱蒙托夫

莱蒙托夫的画——《姆茨赫塔附近的格鲁吉亚军事之路》

我又陷入了一场新的悲剧

致亚·伊·比比科夫 [①]

圣彼得堡，1841 年 2 月下半月

可爱的比比，

好不容易给你写信。先说明一下我休假的内幕吧。我姥姥本来是为我求情减轻罪名，却给了我一段假期；我很快又会到你们那儿去，此地毫无久留的希望，因为我闯了这样的祸——我抵达圣彼得堡时谢肉节已经过了一半，第二天我

---

① 1841 年 1 月 14 日莱蒙托夫从斯塔夫罗波尔出发，于 2 月 7 日或 8 日到达圣彼得堡。第二天便出席了一场舞会，遭到军方不满。月底写了此信给比比科夫。亚历山大·伊万诺维奇·比比科夫(?—1856)，别名"比比"，士官学校毕业，曾在高加索部队任职。1840 年莱蒙托夫前往斯塔夫罗波尔时，曾和他住在一起。

就去参加沃龙佐娃夫人的舞会^①。别人认为我这么做有伤大雅，是粗野放肆。怎么办？倘若我早知道能在什么地方摔跤，事先就会在那儿铺上干草了；但是大家对我的接待还是相当好。我又陷入了一场新的悲剧，开头十分精彩，大概不会有结尾^②，因为3月9日我就得离开此地，到高加索去苦熬退伍时间；我已从报请嘉奖瓦列里克战役名单中被除名^③，所以等我改穿便服时，连个可以自慰的小红丝带也佩不上。

前几天，我去过你家，家人都埋怨你不写信；情况既然如此，我就不敢责备你了。梅谢里诺夫可能在我之前回斯塔夫罗波尔，因为我不急于起程。总之，那匹骏马还有那副架子和马鞍，都不要卖；大概部队不会在4月2日以前出发，届时我一定赶到。我正在选购拉法泰和加利^④的著作及其他

————————

① 莱蒙托夫作为一名失宠的军人出现在沃龙佐娃·达什科娃伯爵夫人的舞会上，引起上流社会的高级军事人员的愤怒。女主人不得不从后门把他送走。随后，军方下令，让莱蒙托夫尽早返回高加索。莱蒙托夫的外祖母和一些朋友们为他说情，同意延期，但4月12日清晨，上级派人通知他四十八小时之内必须离开圣彼得堡返回部队。4月14日莱蒙托夫离开圣彼得堡，5月9日抵达斯塔夫罗波尔。

② 据俄罗斯学者考证，此处可能是指莱蒙托夫与早年的相识，后来成为女诗人的叶·彼·罗斯托普钦娜的关系。

③ 莱蒙托夫参加瓦列里克战役表现英勇，部队领导为他向上级请奖，但被沙皇否决。

④ 拉法泰和加利是法国两位颅相相士。

许多书籍，以备共用。

再见，我的可爱的朋友，祝你健康。

你的莱蒙托夫

无法和你告别了

致安·亚·克拉耶夫斯基[1]

圣彼得堡，1841 年 4 月 13 日—14 日

亲爱的安德烈·亚历山德罗维奇，真遗憾，在奥多耶夫斯基家中没能见到你，所以我也就无法和你告别了。劳你大驾，给我两张《祖国记事》购买证，交给送信人带回即可——这是为我外祖母要的。祝你健康和幸福。

你的莱蒙托夫

---

[1] 安德烈·亚历山德罗维奇·克拉耶夫斯基（1810—1889），出版家，记者，早年曾协助普希金编《同时代人》等书刊。后来主编《祖国记事》等刊物。他在介绍莱蒙托夫创作方面起了积极的作用。

叶·彼·罗斯托普钦娜

我身体变得更健康了

致伊·阿·阿尔谢尼耶娃

莫斯科，1841 年 4 月 19 日

亲爱的姥姥，

我焦急地盼望您来信告诉我一些消息。我在莫斯科停留几天，住在罗森① 家里。阿列克谢·阿尔卡季耶维奇还在这儿，他后天启程。当地社会人士对我的接待照例很好——我也觉得相当愉快。昨晚拜访了尼古拉·尼古拉耶维奇·安年科夫②，明天到他家去进午餐；他对我非常热情。这就是可以向您报告的我在此地的全部生活。还可以补充一句，本地

---

① 德米特里·格里戈里耶维奇·罗森（1815—约1885），莱蒙托夫在骠骑兵团服役时的战友，后来升为总督的副官。

② 尼古拉·尼古拉耶维奇·安年科夫（1799—1865），少将，禁卫军伊兹马伊洛夫团团长。青年时写过诗，后来全部精力用于军事行政活动。莱蒙托夫在士官学校住进医院时，安年科夫夫妇曾去看望他。莱蒙托夫写诗赞美过他的夫人薇拉·伊万诺夫娜·布哈林娜（1813—1902）。

空气两天就把我催胖了，圣彼得堡对我绝对有害；也许是一路上尽喝苦涩的水，所以我身体变得更健康了，而这种水一向对我有益。

请代我转告叶基姆·山吉列伊，说我离开此地之前再给他写信，同时可能还给他寄点东西去——莎莎的婚礼已经举行过了，因此请您代我向她表示祝贺；并代我转告列奥卡季娅，说我吻她，祝她早日恢复健康，并让她平时也要多加保重。

再见了，亲爱的姥姥，祝您健康，请您相信，上帝会因为您经受的一切悲痛而对您予以褒奖。吻您的纤手，祝您安好。

忠于您的

外孙米·莱蒙托夫

连我自己都不知道再往哪去

致伊·阿·阿尔谢尼耶娃

斯塔夫罗波尔，1841年5月9日—10日

亲爱的姥姥，

我刚刚抵达斯塔夫罗波尔，立即给您写信。我是和阿列克谢·阿尔卡季耶维奇一起来的，走了很久很久，路坏极了，现在连我自己都不知道再往哪儿去，大概首先应去舒鲁要塞，团部在那儿，从那儿再尽力争取去矿泉区。谢天谢地，我身体健康，心情安定，但愿您能和我一样的安定，我只希望一件事：请您留在圣彼得堡——从各种关系来看，这对您对我在各方面都有好处。请您告诉叶基姆·山吉列伊，说我劝他不要去美国，他原来打算去那里，还不如到高加索来。它既近又更令人高兴。

亲爱的姥姥，我一直期望着我的请求能够得到批准，到那时我就可以退役了。

再见，亲爱的姥姥，吻您的纤手，我祈祷上帝保佑您身体健康，心情安定，并请求您的赐福。

忠于您的

外孙莱蒙托夫

莱蒙托夫的画——《锡安山村庄附近的高加索地区》

我的心充满辛酸的忧伤

致索·尼·卡拉姆津娜[①]

斯塔夫罗波尔，1841年5月10日

亲爱的索菲娅小姐[②]，我刚刚来到斯塔夫罗波尔，同一天便和斯托雷平（蒙戈）一同去参加讨伐。请您祝愿我幸福，祝愿我伤势轻微；这是对我仅能有的最好祝愿了。我估计，这封信寄到圣彼得堡时，您还在那里，而当您阅读这封信时，我正在攻打切尔凯。您有渊博的地理知识，因此我建议您不要查看地图，不要管它在什么地方；但为了帮助您的记忆，我可以告诉您，这个地方位于里海与黑海之间，莫斯科稍南，埃及稍北，而主要是离您非常熟悉的阿斯特拉罕很近。

---

① 这封信是用法文写的。

② 索菲娅·尼古拉耶夫娜·卡拉姆津娜（1802—1865），出身书香门第，作家、历史学家、贵族和开明的专制制度的思想家、俄国伤感主义文学的奠基人尼·米·卡拉姆津（1766—1826）的女儿。她聪明智慧，知识渊博，莱蒙托夫生平最后一段时间与她交情甚笃。1841年莱蒙托夫是从她家出发前去高加索度过流放生活的。

我不知道，这种现象是否会继续下去；但我在旅途中常为诗魔——或者所谓诗——所控制。我在奥多耶夫斯基[①]赠给我的本子上写了足有半本的字，这事大概给我带来了幸福。我已经发展到用法文写诗了。——啊，太不像话了！如果您允许，我把它写在这里；如果您熟悉帕尔尼诗体[②]的话，那么对于一个初学用这种诗体写诗的人来说，这首诗还是很美的。

等　待[③]

我在阴郁的谷地等她，

看见远处有个白色幻影，

它正慢慢地朝着我走来……

不是；希望多容易骗人！

那是一棵老态龙钟的柳树，

[①] 弗拉基米尔·费奥多罗维奇·奥多耶夫斯基（1803—1869），作家、哲学家，莱蒙托夫的朋友。1841 年 4 月 13 日他将自己心爱的笔记本赠给莱蒙托夫，让诗人在本子上写满诗后再退还他。1843 年 12 月 30 日，莱蒙托夫的亲属把这本笔记本还给了奥多耶夫斯基，上边留下诗人亲自书写的一些作品。

[②] 帕尔尼（1753—1814），法国诗人，诗作循古典风格，情调感伤，充满激情。诗界谓之"帕尔尼诗体"。

[③] 引诗为顾蕴璞所译。

在摇晃枯干的发亮的树身。

我俯下了身子久久谛听：

一阵轻轻的脚步的声音。

不是，那不是脚步的声息；

那是夜晚的芳香的凉风

吹得落叶在藓苔上沙沙不息。

我的心充满辛酸的忧伤，

躺在了高高的茂草丛中，

渐渐进入了深沉的梦境。

突然间我醒来了，身颤心惊：

她的声音在我耳边缭绕，

她的嘴把我的额角频频地吻。

　　您从这首诗中可以看得出，当污水已经没及我的耳际，最难见到花朵时，春天这个迷人的季节，对我产生了多么良好的作用——总之，今晚我就将离去。我向您坦白，一次又一次地远行使我疲倦不堪，看来，这种远行是无尽无休了。——我本想给圣彼得堡其他几位也写写信，其中包括斯米尔诺娃太太[①]，但我不知道这种贸然的做法是否能让她高兴，所以便克制了。如果您给我回信，地址如下：斯塔夫罗波尔，格拉别[②]将军司令部——我通知过他们给我转交信件——再见。请向您家各位转致我的敬意。再次再见——祝您健康、幸福，不要把我忘记。

整个身心属于您的莱蒙托夫

[①] 亚历山德拉·奥西波夫娜·斯米尔诺娃·罗塞特（1809—1882），她是茹科夫斯基、普希金、果戈理等人的好友。

[②] 帕维尔·赫里斯托福罗维奇·格拉别(1789—1875)，造福会会员，1825 年曾因"十二月党人"起义事件受审。后来担任高加索防线与黑海部队司令。

索菲娅

想要一套莎士比亚英文版全集

致伊·阿·阿尔谢尼耶娃 [①]

五峰城，1841 年 6 月 28 日

乌兰汗译

亲爱的姥姥，

我是从五峰城给您写信，我又来到这里，准备在这里休息一段时间。我突然收到了您的三封信，还有斯捷潘转来的有关出售人丁的证件，这些证件需要在这里证明并签字；这些事我会在此地办完，然后寄出。您真不该不把罗斯托普钦娜伯爵夫人 [②] 的书寄给我，您收到我这封信后请立即把该书

[①] 据俄罗斯学者考证，这封信是世人能见到的莱蒙托夫的最后一封信（有人认为此信写于 1840 年）。

[②] 叶夫多基娅·彼得罗夫娜·罗斯托普钦娜（1811—1858），出身文人之家，父亲是作家苏什科夫。她少年时代便写诗。1833 年与罗斯托普钦伯爵结婚。1839 年出版第一本小说集《大世界特写集》。1841 年出版第一本诗集。1828 年莱蒙托夫与她相识，二人观点接近，相互献诗。当外祖母把莱蒙托夫索要的诗集寄去时，诗人已离开了五峰城。

寄到皮亚季戈尔斯克来。亲爱的姥姥，我还请求您给我买一套最新版本的茹科夫斯基全集，也立刻把它寄到这里来。我还想要一套莎士比亚英文版全集，但不知在圣彼得堡是否能买到。您将这些事交给叶基姆办吧。但，只是求您尽快；如果办得快，我在此地还能收到。

至于您在信中提到的有关克雷因米赫尔①的话，我估计，这还不意味着我若呈上退役申请会遭到拒绝；他只是建议不要申请罢了；可是我在此地还等什么呢？您还是好好地问一问，如果我提出申请，会不会放我走。

再见，亲爱的姥姥，祝您健康和安详；吻您的纤手，请求您的祝福，永远顺从您的外孙。

米·莱蒙托夫

---

① 彼得·安德烈耶维奇·克雷因米赫尔（1793—1869），俄国部队总司令部值班将军，莱蒙托夫宿敌之一，是他于 1837 年下令逮捕传播莱蒙托夫的诗《诗人之死》的拉耶夫斯基，是他于 1841 年 2 月在沃龙佐娃窝所舞会上对莱蒙托夫的出现大为不满，是他于同年 4 月下令让莱蒙托夫在四十八小时之内离开圣彼得堡。

莱蒙托夫的画——《在卡赫季榆树村附近的废墟》